Escritório de Processos

BPMO
Business Process Management Office

Escritório de Processos

BPMO
Business Process Management Office

Carlos Hiroshi Usirono

BRASPORT

Editor: Sergio Martins de Oliveira
Diretora: Rosa Maria Oliveira de Queiroz
Gerente de Produção Editorial: Marina dos Anjos Martins de Oliveira
Revisão de Texto: Marina dos Anjos Martins de Oliveira
Editoração Eletrônica: Michelle Paula
Capa: Trama Criações

U85e Usirono, Carlos Hiroshi
Escritório de processos: BPMO – Business Process Management Office / Carlos Hiroshi Usirono - Rio de Janeiro: Brasport, 2015.

ISBN: 978-85-7452-742-0

1. Gestão de processos 2. Escritório de processos I. Título

CDD: 658.4063

Ficha Catalográfica elaborada por bibliotecário – CRB7 6355

BRASPORT Livros e Multimídia Ltda.
Rua Pardal Mallet, 23 – Tijuca
20270-280 Rio de Janeiro-RJ
Tels. Fax: (21)2568.1415/2568.1507
e-mails: marketing@brasport.com.br
vendas@brasport.com.br
editorial@brasport.com.br

site: **www.brasport.com.br**

Filial SP
Av. Paulista, 807 – conj. 915
01311-100 São Paulo-SP

À minha esposa Alice e às minhas
filhas Karin e Karolina.

Aos amigos Pedro Ivanow, Pedro
Siqueira e Joice Bonilha.

Prefácio

Inicialmente, quero falar um pouco sobre o autor deste livro. Conheço o Carlos há quinze anos. Tivemos uma experiência profissional muito intensa, e desde aqueles dias ele tinha um viés de estudar assuntos que pudessem ser pontos de contribuição para o aumento da performance nas empresas.

Falava de metodologias, de técnicas que estavam surgindo visando auxiliar as empresas em sua gestão. Discursava sobre qualidade e planejamento estratégico com muita propriedade e naturalidade, como se fossem assuntos tratados numa conversa de boteco.

Sempre me impressionou a sua percepção de como associar o conhecimento à medida que as empresas iam amadurecendo em sua capacidade de gestão.

Após anos de convivência, me aposentei da instituição financeira em que trabalhávamos juntos. Ele, por sua vez, continuou sua carreira ascendente e contributiva nesta grande instituição.

Segui um novo caminho, associando-me a uma empresa de consultoria que tem como foco de serviços a gestão de projetos, a gestão de processos e o apoio ao planejamento estratégico das organizações.

Após alguns anos, qual foi a minha surpresa anos ao reencontrá-lo e saber que acabou seguindo caminhos muito parecidos com os meus.

Intensificamos muito os nossos contatos, fizemos alguns trabalhos juntos, o que me mostrou o nível de maturidade que ele atingiu. Constatei que ele soube associar todos os seus conhecimentos e a sua experiência profissional, aplicando-os de forma consistente e precisa nas suas atuações, agora como consultor e professor.

Um dia ele me contou que estava escrevendo um livro sobre Escritório de Processos. Naquele momento eu soube que estava nascendo um material que ajudaria muitos profissionais e organizações a refletirem sobre a importância desse tema, a sua aplicabilidade nas empresas e a sua importância na gestão e no atingimento de patamares diferenciados de performances de negócio.

Já com o livro pronto, convidou-me para escrever este prefácio, o que me deixou emocionado e agradecido. Era uma homenagem ao nosso convívio profissional e de pessoas amigas que aprenderam a se respeitar.

Iniciei a leitura do livro com a certeza de que iria receber conhecimentos que me levariam à reflexão. No decorrer da leitura, parei por muitas vezes para analisar e considerar a sua eficácia no mundo empresarial. Fui avançando como se estivesse lendo um roteiro, onde os capítulos traziam informações sobre o controle de atividades, de indicadores que levam à melhoria na gestão, por estruturas que definem papéis e políticas em uma empresa, pelo alinhamento com as metas estratégicas e pela importância da sinergia entre processos e projetos.

Tudo descrito de forma clara e objetiva.

Vale a pena durante a leitura fazer uma reflexão dos benefícios que a governança em gestão de processos traz para a empresa, assim como a exigência de transformações que podem levar as empresas em momentos de crise a um novo patamar de competitividade. Pela riqueza de conteúdo, com certeza outras reflexões virão.

Ao término da leitura tive uma percepção clara do seu valor, da sua qualidade e da sua aplicabilidade.

Acho que já dei as dicas suficientes para você conhecer a minha avaliação, mas quero que você leitor também a faça, porque o livro foi escrito para você.

Uma boa leitura e tenha certeza de que ao final dela você estará mais preparado do que já está hoje.

Pedro Ivanow
Sócio-diretor da EUAX

Apresentação

O grande desafio das organizações é se manterem permanentemente sustentáveis e competitivas. Nesse contexto, independentemente de seu segmento de indústria, estas buscam continuamente a otimização de suas operações reformulando ou estabelecendo novos objetivos e estratégias de negócio.

Em decorrência desse dinamismo, surgem novas necessidades de transformação e adição de valor em seus produtos ou serviços, o que inclui ações de inovação, redesenho e melhoria de seus processos organizacionais (aquisição de insumos, desenvolvimento e fabricação do produto ou serviço até a sua entrega ao cliente).

Processos organizacionais são constituídos de recursos e competências. Recursos abrangem ativos tangíveis como colaboradores, equipamentos, sistemas de informações e matéria-prima. Já as competências são compostas de ativos intangíveis como habilidades, conhecimentos, métodos e técnicas de planejamento e execução. Consequentemente, é por meio da organização, combinação e aplicação de recursos e competências de forma eficiente que as empresas buscam a otimização de seus processos organizacionais.

Nesse sentido, o **escritório de processos** pode auxiliar a organização a geri-los, alinhando-os com as estratégias e operacionalizando-os em conjunto com as áreas parceiras.

Ele auxilia as organizações a identificar, selecionar, avaliar, priorizar e coordenar a execução das ações de otimização de recursos e competências sobre os processos organizacionais.

Como benefícios, elimina redundâncias entre ações propostas por diferentes áreas, reduzindo conflitos, e organiza e padroniza a utilização de métodos, técnicas e ferramentas, proporcionando a qualidade na gestão.

Adicionalmente, auxilia na captura e viabilização das demandas através da gestão eficaz de um portfólio de processos, evitando investimentos desnecessários ou inoportunos e trazendo como consequência a redução de custos e riscos para a organização.

Finalmente, desonera as áreas funcionais e de gestão de projetos na identificação e avaliação de oportunidades, aumentando a sinergia entre as áreas e seus colaboradores.

Este livro propõe dois *frameworks* que auxiliam o gestor a planejar, estruturar, implantar e conduzir um escritório de processos ou *Business Process Management Office* (BPMO).

Através desses instrumentos busca-se, de forma racional e prática, abordar todas as etapas e instrumentos requeridos na operacionalização de um portfólio de processos.

Demonstra-se a importância do seu papel no alinhamento com as atividades de planejamento estratégico e de sua integração com o escritório de projetos, TI, *compliance*, auditoria, controladoria e áreas funcionais.

Além disso, como um diferencial, são enfatizados os aspectos de estruturação, operação e gestão de mudanças com a utilização de vários exemplos e um estudo de caso completo. São apresentados conceitos, técnicas e métodos de forma incremental de modo a facilitar o entendimento e a assimilação do conteúdo.

Organização

O livro está estruturado da seguinte forma: no Capítulo 1 serão abordados o escopo de atuação, as responsabilidades e a comparação entre a estrutura funcional e a de processos. O Capítulo 2 abordará os conceitos de processos, gestão, portfólio, arquitetura e desempenho. O Capítulo 3 apresentará a primeira parte do *framework* contendo todas as etapas para o planejamento, a estruturação e a implantação de um escritório de processos. O Capítulo 4 completará a segunda parte do *framework* com as etapas para a sua operacionalização e condução. No Capítulo 5 serão apresentados aspectos da automação de processos com referência ao BPMS (*Business Process Management Suite*) apresentando objetivos, benefícios e desafios de um sistema de gestão integrada ERP

(*Enterprise Resource Planning*) e de um sistema *workflow*. No Capítulo 6, será apresentado um estudo de caso que compreende a aplicação prática da estruturação, implantação e condução de um escritório de processos utilizando os dois *frameworks*. Para complementar e ilustrar os aspectos práticos, serão apresentados ao final do livro anexos com o método de melhoria incremental ou *Business Process Improvement* (BPI), o método de engenharia de processos ou *Business Process Engineering* (BPE), o método Six Sigma e os conceitos e técnicas de avaliação de projetos de investimentos.

O público-alvo deste livro são gestores, especialistas e profissionais que se interessam em promover a transformação de processos em suas organizações e principalmente uma nova visão de gestão.

Carlos Hiroshi Usirono, MSc, CBPP

Sumário

Introdução

A importância do escritório de processos

Nas últimas décadas, as organizações têm percebido a importância dos critérios de competitividade como flexibilidade, velocidade, inovação, custo, qualidade, entrega e confiabilidade para direcionar as suas decisões estratégicas. Para auxiliá-las nessa empreitada, diversas técnicas de otimização, inovação e práticas gerenciais vêm sendo empregadas.

Mesmo as organizações que já possuem uma estrutura de gestão forte e consolidada, proporcionando um serviço de excelência a seus clientes, sabem que, para manter a sua competitividade e sustentabilidade, precisam melhorar continuamente as suas operações adquirindo e aprimorando novas competências e recursos.

Nesse contexto, verifica-se que novas competências têm sido requeridas, tornando os colaboradores cada vez mais versáteis, exigindo destes conhecimentos diversificados como gestão de projetos, riscos, qualidade, recursos humanos e finanças.

O escritório de projetos, por exemplo, já se firmou no mercado como um importante instrumento que auxilia as organizações a materializar e operacionalizar as suas estratégias e seus objetivos. Ele estabelece o processo de governança de um portfólio de projetos e garante a sustentabilidade e a competitividade do negócio.

Para cumprir essa missão, é primordial que o escritório de projetos esteja alinhado com as áreas funcionais que constantemente demandam ações à alta administração em relação às suas prioridades operacionais.

Ele auxilia nas etapas de gerenciamento e eventualmente cedem colaboradores para a sua execução.

Porém, cabe muitas vezes às áreas funcionais identificar, selecionar e avaliar suas iniciativas e necessidades, direcionando-as para a alta administração de modo que sejam avaliadas, priorizadas e operacionalizadas.

Esse processo, muitas vezes, retira o foco operacional da área, além de exigir competências específicas para transformar necessidades e problemas em ações com o subsídio de um racional consistente. Além disso, a ausência dessas competências nas áreas funcionais pode onerar o escritório de projetos na avaliação e no desenvolvimento desse racional, desviando suas funções originais de gestão e execução dos projetos.

Nesse cenário, o escritório de processos pode ser um importante elo entre as áreas funcionais e o escritório de projetos, pois auxilia na estruturação de ações de transformação que podem ser uma melhoria pontual, um programa de melhoria contínua, uma iniciativa maior de inovação ou um redesenho de processos.

Esquema geral de integração de um escritório de processos:

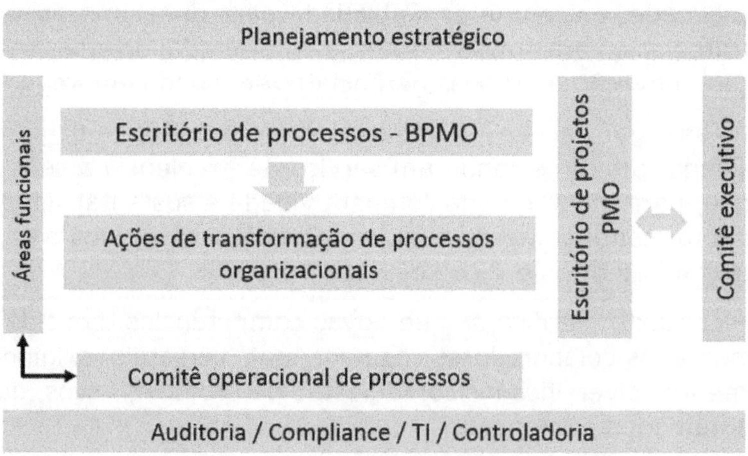

Figura 1

A discussão sobre a criação de um escritório de processos ou *business process management office* é relativamente recente.

É essencialmente uma estrutura que serve a todas as demais unidades organizacionais. Ele auxilia a alta administração a alinhar e operacionalizar suas estratégias com as demais unidades, garantindo uma governança sobre as ações de gestão e transformação de processos organizacionais.

Possui elementos que facilitam a operacionalização do processo de governança e mantém atualizados os procedimentos, as ferramentas e um conjunto de conhecimentos sob a forma de métodos e técnicas.

O escritório de processos auxilia no monitoramento do desempenho das áreas organizacionais e na identificação das oportunidades para otimizar a operação, a capacitação e a disseminação entre os colaboradores de melhores práticas de gestão de processos e solução de problemas.

Ajuda a quebrar as barreiras existentes entre os silos funcionais, propiciando uma visão de ponta a ponta com foco do cliente.

Além do acompanhamento do desempenho e do grau de maturidade dos processos, também é responsável pela gestão das mudanças originadas pelas iniciativas de transformação de processos.

Evita a redundância e os conflitos de ações relacionadas à otimização e utilização de recursos, trazendo maior competitividade e sustentabilidade a médio e longo prazo para a organização.

Finalmente, cabe ao escritório de processos o acompanhamento dos benefícios inicialmente declarados para avaliar a eficácia das ações e municiar a organização com as lições aprendidas, realimentando o processo de governança, em um ciclo virtuoso.

Capítulo 1

Objetivos, escopo de atuação e responsabilidades

1.1. Objetivos

A missão de um escritório de processos é alinhar, viabilizar e operacionalizar as estratégias de negócio, além de coordenar ações de otimização de seus processos organizacionais. Nesse contexto, existem três grandes objetivos:

- Atuar como um elo entre o planejamento estratégico da organização e demais áreas tendo como principal foco as áreas funcionais. Essa integração garante que as decisões estratégicas estejam alinhadas e incorporadas às ações de melhoria e/ou inovação em processos através de ações de transformação.
- Estruturar um processo de governança do portfólio de processos. Isso estabelece padrões de acompanhamento de desempenho, grau de maturidade, níveis de detalhamento e documentação de processos. O escritório de processos consolida as responsabilidades e os procedimentos de avaliação, aprovação e acompanhamento de iniciativas de processos (melhoria, redesenho ou inovação) e de gestão do seu portfólio. Determina critérios para a seleção de ferramentas, técnicas e métodos.
- Operacionalizar o processo de governança. Isso efetua a disseminação de conhecimento em processos e abordagens na solução de problemas por toda a organização, através da realização de seminários, *workshops* e treinamentos, além de comunicar e operacionalizar a governança através dos comitês operacionais e executivos

gerindo o portfólio de processos. O escritório de processos atua no acompanhamento da execução e implantação das iniciativas de processos com foco em gestão de mudanças e acompanhamento de benefícios pós-implantação.

O escritório de processos se adapta ao modelo de gestão da organização e não o contrário.

Deve atuar como um guardião da governança, zelando pelo cumprimento das responsabilidades, das regras e dos procedimentos estabelecidos. Deve garantir que estratégias sejam operacionalizadas e objetivos sejam alcançados sempre com a visão de resultados e a obtenção de benefícios tangíveis.

1.2. Componentes

O escritório de processos é formado por uma série de componentes e atua de forma integrada com as demais áreas da organização. Os seus componentes são constituídos de procedimentos e do domínio de conhecimentos de técnicas, métodos e ferramentas (repositório de processos e de métricas, sistemas de documentação, mapeamento e simulação de processos).

Essas integrações são regidas por acordos operacionais estabelecidos pelo processo de governança que gere todos os componentes e as fronteiras de relacionamento com as demais áreas internas da organização.

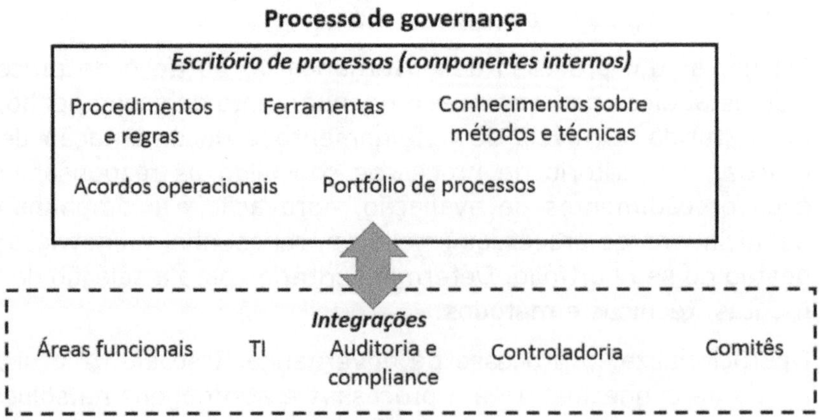

Figura 2

1.3. Integração com o planejamento estratégico

Figura 3

Faz parte da missão do escritório de processos garantir o alinhamento e a operacionalização das estratégias organizacionais. Estabelece a ligação entre missão e visão organizacionais com a área de operações, de apoio e de projetos.

Os objetivos e estratégias organizacionais definem o que as empresas necessitam fazer. Conhecendo as estratégias, ambos os escritórios (de projetos e de processos) podem ajudar da melhor forma as áreas de apoio e de operações no cumprimento dos seus objetivos.

Um instrumento que auxilia o alinhamento das metas organizacionais para as áreas funcionais é o método de gerenciamento pelas diretrizes, ou *Hoshin Kanri*, que desenvolve desdobramentos sucessivos de metas e estratégias até a operação.

As camadas de operações e áreas de apoio representadas pelas áreas funcionais executam e transformam os insumos em produtos e serviços.

A camada de gestão de portfólio de processos sob responsabilidade do escritório de processos tem a função de capturar, analisar e viabilizar as demandas das áreas operacionais por meio de inciativas de melhorias, redesenhos ou inovações.

1.4. Responsabilidades

As principais responsabilidades de um escritório de processos são:

- Alinhar as estratégias da organização e sua operacionalização nas áreas de operação e de apoio através de ações de transformação.
- Promover ações de otimização dos processos em termos de eficácia e eficiência utilizando métodos, técnicas e ferramentas adequadas a cada situação.
- Promover e auxiliar a gestão do conhecimento através de organização da documentação, compartilhamento e disseminação dos procedimentos operacionais da organização.
- Ser o guardião da arquitetura de processos definindo regras de classificação, mapeamento e documentação de procedimentos e ferramentas.
- Ser o guardião das métricas e dos padrões de desempenho de processos e indicadores (deve ficar claro que o escritório de processos não é responsável pela coleta dos dados de indicadores, pois estes devem ser gerados pelas áreas funcionais).
- Capacitar colaboradores e gestores em conhecimentos relacionados à gestão de processos (utilizar de instrumentos como seminários, cursos presenciais ministrados por colaboradores internos ou convidados. Sistemas de *e-learning* e cursos EAD também fazem parte do rol de instrumentos de capacitação).
- Incentivar e disseminar melhores práticas e cultura de gestão de processos: não somente disseminar a cultura, mas acompanhar as práticas entre os colaboradores e gestores.
- Integrar-se a outras disciplinas e funções como a de gestão de projetos. A função do escritório de processos é conduzir o processo de identificação e avaliação de ações e projetos de processos e, uma vez aprovados, submetê-los à gestão de um escritório de projetos, quando couber.
- Ser um agente de transformação e implantar uma cultura de melhoria de processos. Sua função é quebrar barreiras funcionais e implantar um conceito de gestão com foco do cliente, semeando o terreno e facilitando o desenvolvimento de ações em conjunto com as áreas parceiras. Todas as ações, sejam de desenvolvimento e implantação de melhorias, inovações ou gestão de mudanças, são na

verdade projetos de transformação onde pessoas, processos, sistemas, equipamentos e ambientes são todos afetados.

- Reduzir os conflitos entre iniciativas de processos: quando existem muitas ações de melhorias e redesenhos, uma vez que existe um orçamento limitado, deve-se otimizar o uso dos recursos da melhor forma possível.
- Eliminar redundâncias: a gestão de um portfólio facilita a visualização dos projetos sobrepostos e evita a alocação de recursos de forma desnecessária.
- Garantir o patrocínio sobre ações de processos: a figura do escritório de processos é importante para acompanhar o projeto de processo de ponta a ponta e garantir que os comitês acompanhem a evolução e os benefícios do projeto.
- Coordenar o desenvolvimento de acordos operacionais entre áreas internas: o projeto de transformação de processos pode requerer a alteração de um acordo interno ou externo com o cliente.
- Aumentar a sinergia entre áreas: o escritório de processos promove a sinergia entre áreas, pois muitas vezes os benefícios são comuns. Além disso, as atividades de execução das iniciativas podem requerer trabalho em equipe.
- Servir de interlocutor entre áreas, tanto na solução de conflitos quanto na alocação de orçamentos e recursos.

1.5. O ESCOPO DE ATUAÇÃO

Além dos objetivos, outro aspecto importante é definir o escopo de atuação do escritório de processos.

Para estabelecer esse escopo é necessário possuir uma visão processual em detrimento da visão funcional. A visão funcional é focada em atividades específicas como compras, logística, produção, venda e marketing, desenvolvimento de produtos, desenvolvimento de produtos, finanças e TI. A visão processual atua transversalmente em relação às áreas funcionais. Essa visão facilita a aplicação dos métodos de análise de processos e solução de problemas tanto para a melhoria incremental como para um redesenho de processos.

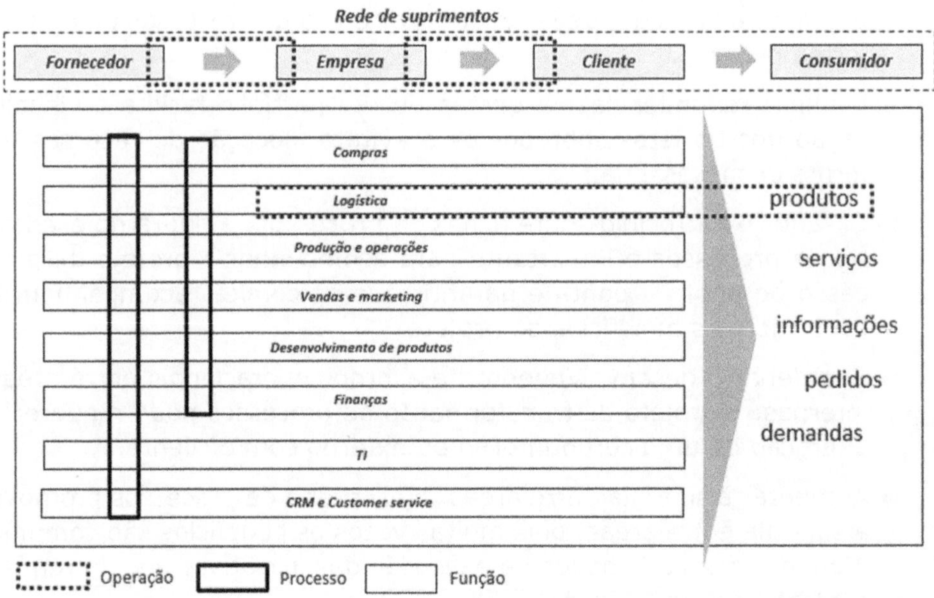

Figura 4

É essencial que o escopo do escritório de processos possua um campo de atuação que não se limite aos processos internos da organização. Deve possuir um olhar abrangente e que englobe igualmente as operações que ultrapassam as fronteiras organizacionais conectando o fornecedor, a empresa e o cliente.

Os macroprocessos, processos e suas atividades são os níveis usuais de visualização. Porém, é primordial estabelecer uma estrutura holística que integre a visão de operações da cadeia de suprimentos, processual e funcional, estabelecendo uma conexão com os produtos e serviços que chegam até o cliente.

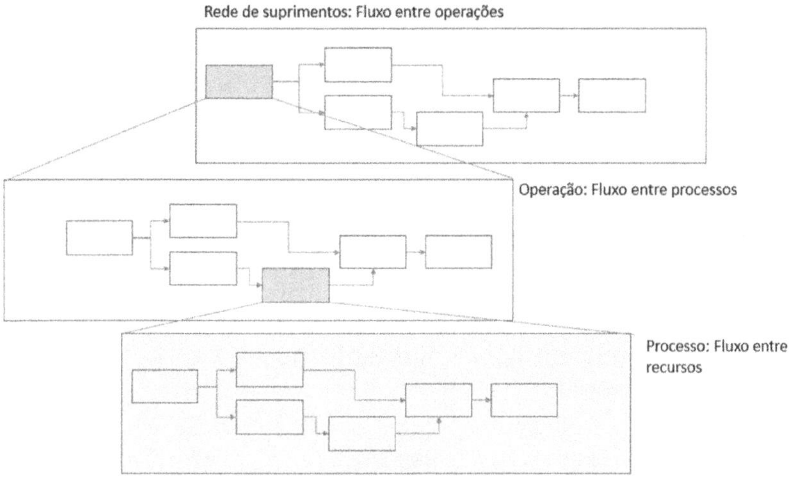

Figura 5[1]

A visão do escritório de processos não deve ser limitada a uma visão interna e funcional da organização, mas incluir a cadeia de valor como um todo, buscando maior eficiência na rede, o que inclui a própria empresa.

1.6. Posicionamento na estrutura organizacional da empresa

Para que o escritório de processos exerça suas responsabilidades com rigor, transparência e neutralidade, é necessário que ele esteja posicionado corretamente na estrutura organizacional da empresa. Caso contrário, não possuirá suporte e autoridade necessários para exercer suas funções de forma plena.

O escritório de processos é um elemento de *staff* na estrutura organizacional. Tal qual um escritório de projetos ou uma estrutura de auditoria, deve estar preferencialmente desvinculado das áreas funcionais para garantir uma autonomia de atuação.

Dessa forma, ele fica isento das interferências pela disputa de recursos de capacidade e orçamento nas atividades de seleção e priorização das iniciativas de processos. Atua como uma consultoria interna, independente de influências sobre prioridades e orçamento.

[1] Fonte: adaptado de SLACK *et al* (2013).

O escritório de processos deve ter intensa interação com as demais áreas de *staff* como escritório de projetos, auditoria e controladoria, de forma a possuir uma visão única sobre o conjunto de processos.

Como desvantagem desse posicionamento, há a possibilidade de o escritório de processos ser visto pelas áreas internas como um "espião" da alta administração. Nesse caso, deve ser feito um forte trabalho de parceria com os gestores internos – por exemplo, mostrando concretamente os benefícios qualitativos e quantitativos trazidos pela implantação das iniciativas de melhoria e inovação.

Segue um exemplo de posicionamento do escritório de processos na estrutura organizacional:

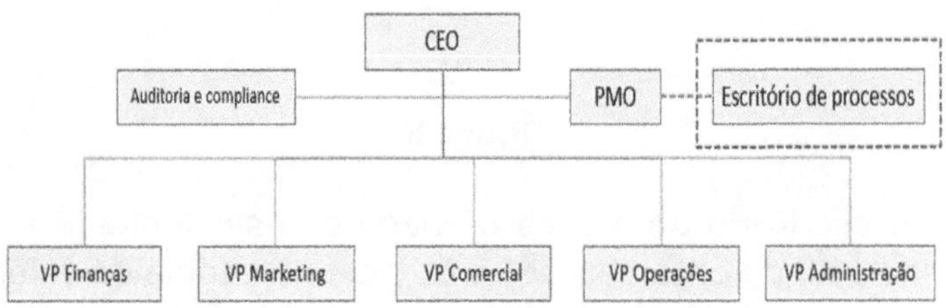

Figura 6

1.7. Centralizar/descentralizar

As organizações podem ter as suas estruturas de unidades de negócio concentradas em uma mesma localização. Porém, muitas vezes, as empresas possuem unidades de negócio que se encontram fisicamente distribuídas em diferentes localidades. Pode ocorrer também de as unidades de negócio terem especialidades bem distintas e, apesar de estabelecidas no mesmo local físico, atuarem como unidades independentes.

Nesse caso, o escritório de processos precisa criar uma estratégia para gerir a governança de processos de acordo com cada tipo de estrutura, de forma a atender igualitariamente a todas as unidades de negócio.

Como todas as unidades devem fazer parte da governança, o desafio é desenvolver um processo de comunicação, padronização e disseminação de conhecimento para que todas as unidades sigam um mesmo procedimento e tenham oportunidades equivalentes de propor suas iniciativas de melhoria e inovação.

Existem três tipos de estratégias para o caso de existir mais de uma unidade de negócio fisicamente distante ou atuação como negócio independente: adotar um modelo de escritório de processos totalmente centralizado, um totalmente descentralizado ou adotar um modelo híbrido. O desafio é selecionar a estratégia de forma a disseminar e gerir as ações de modo eficaz e eficiente.

1.7.1. Modelo centralizado

Ele centraliza e coordena as decisões e depois dissemina e padroniza as ações pelas diversas unidades de negócio (UN). Neste caso, os colaboradores do escritório de processos (EP) estão lotados fisicamente na unidade centralizadora. É representada a seguir a parceria com o escritório de projetos (PMO).

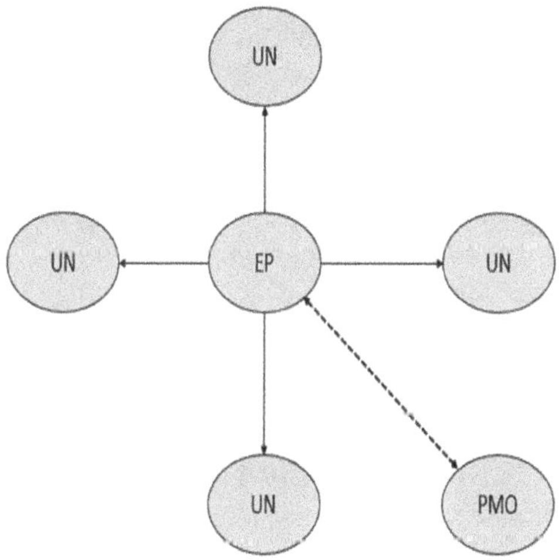

Figura 7

Vantagens:

- Forte padronização e disseminação de métodos, técnicas e ferramentas.

Desvantagens e desafios:

- Necessita de capacidade e agilidade para atender às demandas das diversas áreas clientes.
- Eventual custo de deslocamento dos colaboradores e problemas de comunicação.
- Analistas de visão mais generalista precisam ser treinados nas especialidades das unidades de negócio.
- Pode haver demora nas decisões.

1.7.2. Modelo descentralizado

Cada unidade de negócio possui o seu próprio padrão de governança. Dessa forma, a estrutura acaba gerando vários representantes de processos pela organização, com suas respectivas equipes. Áreas de TI, auditoria e *compliance*, ou demais áreas que necessitam mapear e otimizar processos, poderão atuar em parceria com qualquer um dos representantes de processos.

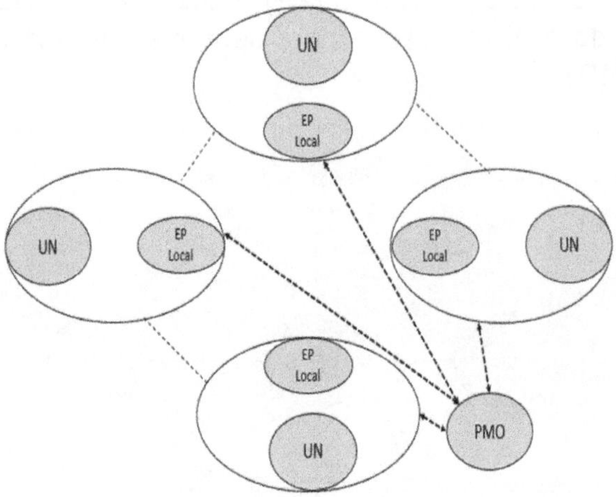

Figura 8

Vantagens:

- Forte controle e atuação sobre iniciativas na sua unidade de negócio local.
- Forte especialização dos analistas de processos.
- Maior agilidade nas decisões.

Desvantagens:

- Não há visão de conjunto de iniciativas de processos.
- Não há padronização de métodos, técnicas e ferramentas.
- Sobreposição de funções que gera custos desnecessários.
- Maior custo fixo ao manter diversas unidades de processos separadas.

1.7.3. Modelo híbrido

Cada unidade de negócio possui seus próprios analistas de processos locais, porém estes respondem funcionalmente a um escritório de processos central.

Caberá a esses analistas de processos locais conduzir os comitês operacionais juntamente com as áreas funcionais de suas respectivas unidades de negócio.

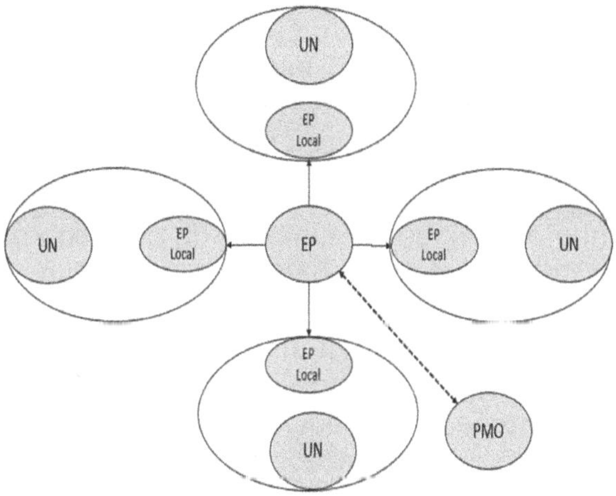

Figura 9

Vantagens:

- Centralização e disseminação de conhecimento padronizado.
- Visão de conjunto de iniciativas e de processos.
- Controle de demandas/iniciativas e suporte às unidades de negócio locais.
- Analistas locais possuem visão do especialista do negócio.

Desvantagens:

- Pode ocorrer forte influência das áreas funcionais na priorização de suas ações em detrimento da visão de conjunto.

1.8. Competências necessárias

Tanto para atuar como colaborador do escritório de processos quanto para atuar como colaborador de áreas parceiras, é necessário desenvolver habilidades e conhecimentos para garantir o sucesso da identificação, condução e implantação das transformações. As principais competências recomendadas foram divididas em competências para gestores e para os demais colaboradores, aqui denominados de analistas.

Gestores: o termo "gestor" é utilizado aqui para denominar as funções que envolvem a coordenação de pessoas. Eles podem ser diretores, superintendentes, gerentes gerais, executivos ou funcionais, supervisores, líderes de time ou coordenadores. São relacionadas a seguir as principais competências que precisam ser desenvolvidas.

- **Gestão de projetos:** necessariamente uma ação de melhoria ou de redesenho de processos, seja ela de pequeno ou grande porte, necessitará de competências para desenvolver atividades de planejamento, monitoramento de execução e controle. Como foi dito, o escritório de processos possui uma intensa interação com as áreas de escritório de projetos, controladoria e auditoria, e, dessa forma, é importante entender as áreas de conhecimento de gerenciamento de projetos como integração, escopo, custos, cronograma, riscos, qualidade, comunicação, aquisição, recursos humanos e *stakeholders*. Finalmente, é importante observar a relevância de habilidades como capacidade de negociação, liderança e gestão de pessoas.
- **Visão de novas tecnologias:** para melhorar a produtividade de um processo recorre-se muitas vezes à automação. Consequentemente, deve haver um forte alinhamento com a área de TI. O acompanhamento das principais tecnologias relacionadas ao negócio e aos processos em parceria com a área de TI é essencial para garantir a eficácia e a eficiência das aquisições e aplicações dos recursos.
- **Análise de investimentos:** todas as ações, independentemente do porte, necessitam de uma avaliação de viabilidade técnica e também de custo-benefício. Geralmente, esse é um assunto bastante negligenciado pelas organizações. Entender os conceitos, o correto uso das técnicas existentes e de suas principais vantagens e desvantagens é primordial para avaliar a viabilidade de um investimento em processos.
- **Visão crítica e analítica:** quando se analisa um processo e se identifica uma oportunidade de otimização, a atividade deve ser

feita com um olhar bastante crítico. O gestor e os colaboradores envolvidos são orientados de forma a não se deixar influenciar muitas vezes por uma visão já viciada da situação. A identificação e interpretação correta do problema de negócio, a observação do problema e seus efeitos, o estabelecimento de hipóteses e a condução do processo de análise de causas são essenciais para a condução da ação de melhoria de forma racional e otimizada. Possuir um método para a solução de problemas ou implantação de melhorias é fundamental para não haver desperdício de tempo e levar a uma solução correta e eficaz. A visão de desafiar continuamente os modelos e processos atuais também é uma competência igualmente importante.

- **Visão sistêmica de ponta a ponta:** os processos não estão limitados necessariamente à responsabilidade de uma área funcional. Os processos são transversais às áreas e podem ser vistos como um sistema que possui várias entradas e entregas intermediárias que convergem na entrega do produto ou serviço ao cliente final.
- **Visão de disseminação de conhecimento:** os gestores devem ser os vetores de boas práticas em gestão de processos. Da mesma forma que atuam em seus respectivos projetos de melhoria, devem incentivar e orientar os demais pares e colaboradores, disseminando o processo de governança pela organização.

Analistas: é importante que os colaboradores possuam a mesma visão e os mesmos conhecimentos que os seus gestores, porém com uma exigência menor. Eles precisam primordialmente dominar os conceitos e as práticas de gestão de processos e a solução de problemas de forma a utilizar e disseminar corretamente as técnicas, os métodos e as ferramentas.

Devem possuir uma análise crítica para interpretar e analisar as demandas de seus parceiros e, em cada uma das etapas das ações de melhoria ou redesenho de processos, saber avaliar o melhor momento e a melhor maneira de utilizá-las.

Capítulo 2

Conceitos de gestão e estrutura de processos

Além dos objetivos, escopo de atuação, responsabilidades e competências, o escritório de processos utiliza determinados conceitos cujo entendimento é fundamental para a compreensão dos *frameworks* e a implantação de um processo de governança.

Esses conceitos são todos ligados a processos e relacionam-se com definição, gestão, arquitetura, métodos, técnicas e ferramentas.

2.1. Definição

Podem ser adotadas duas definições de processos.

Na primeira, o processo é um conjunto de causas que produzem um determinado efeito. Ela é muito utilizada quando se empregam métodos de análise e solução de problemas voltados para a melhoria incremental de processos (vide Anexo 1 para maiores detalhes dessa abordagem).

Essa definição pode ser bastante conveniente quando o objetivo é identificar as causas de um determinado problema. Para representá-lo, é utilizado um diagrama de causa e efeito, também conhecido como diagrama de espinha de peixe ou diagrama de Ishikawa.

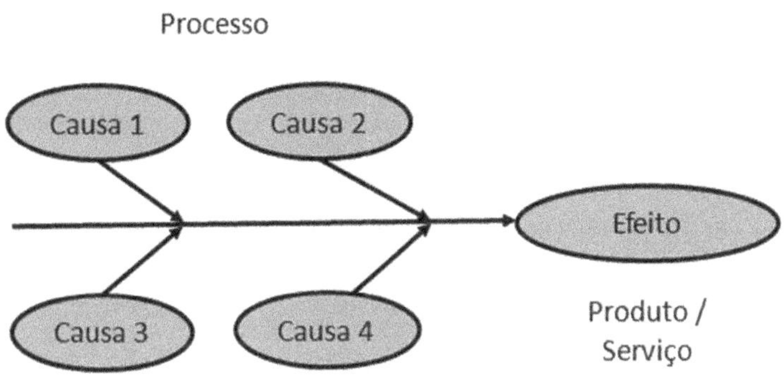

Figura 10

O efeito está associado ao produto ou serviço, enquanto as causas estão associadas aos insumos utilizados durante o processo para produzi-lo.

Essa é uma representação bastante elegante, pois é simples e intuitiva quando se deseja mapear e medir todas as variáveis que interferem em um determinado efeito. As causas ou insumos relacionam-se com direcionadores que podem ser associados à matéria-prima, à máquina, ao meio ambiente, ao método, à medida e à mão de obra. Esses direcionadores podem ser associados a seus respectivos indicadores, como, por exemplo, a quantidade de horas extras (mão de obra). Da mesma forma, o efeito pode estar relacionado com direcionadores de qualidade, entrega e custo.

O diagrama funciona basicamente como uma espécie de *checklist* para a análise de causas. Nem todos os direcionadores podem estar presentes como possíveis causas ou efeitos de um determinado processo.

Um exemplo simples ilustra essa definição. Suponha o processo de lavar roupa. Como insumos, podemos relacionar a roupa suja, a água, o sabão (matéria-prima), o equipamento de lavar (máquina), o operador da máquina (mão de obra), o processo de lavagem (método).

Se necessário, podemos incrementar a nossa análise adicionando, por exemplo, a eletricidade como matéria-prima e o local da lavagem como meio ambiente. A medida pode ser a existência de aferição do equipamento que avalia o nível de consumo de eletricidade, por exemplo.

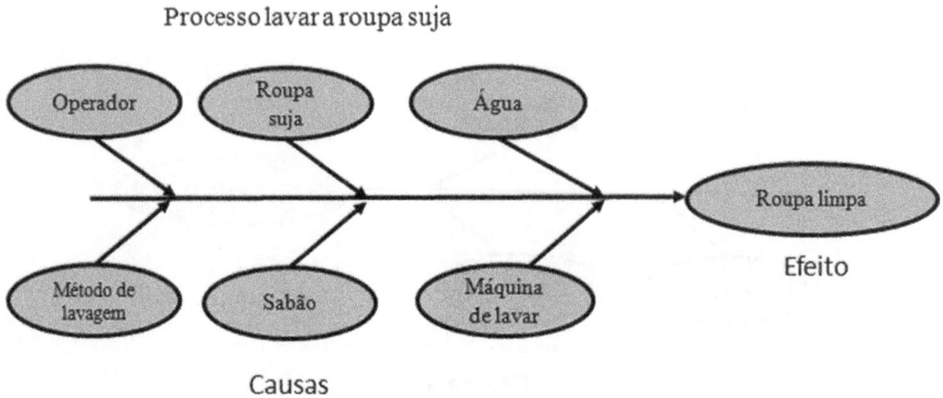

Figura 11

Numa segunda definição, processo é um conjunto de atividades inter-relacionadas para atingir um determinado objetivo. Essa segunda definição é a mais apropriada quando se trata de mapeamento de procedimentos.

Nesse caso, uma estrutura de fluxo é mais conveniente, pois o primeiro tipo de representação não fornece detalhes como a sequência, as responsabilidades de execução e utilização de artefatos como banco de dados, formulários, documentos e sistemas de informação.

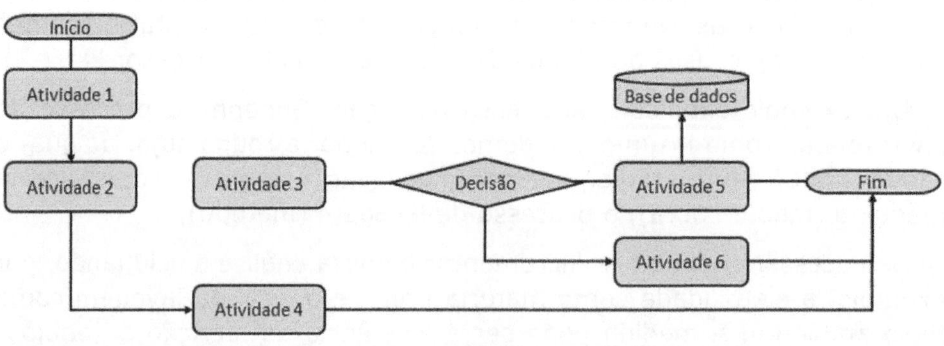

Figura 12

Exemplo: processo de solicitação e entrega de uma pizza por telefone (*delivery*).

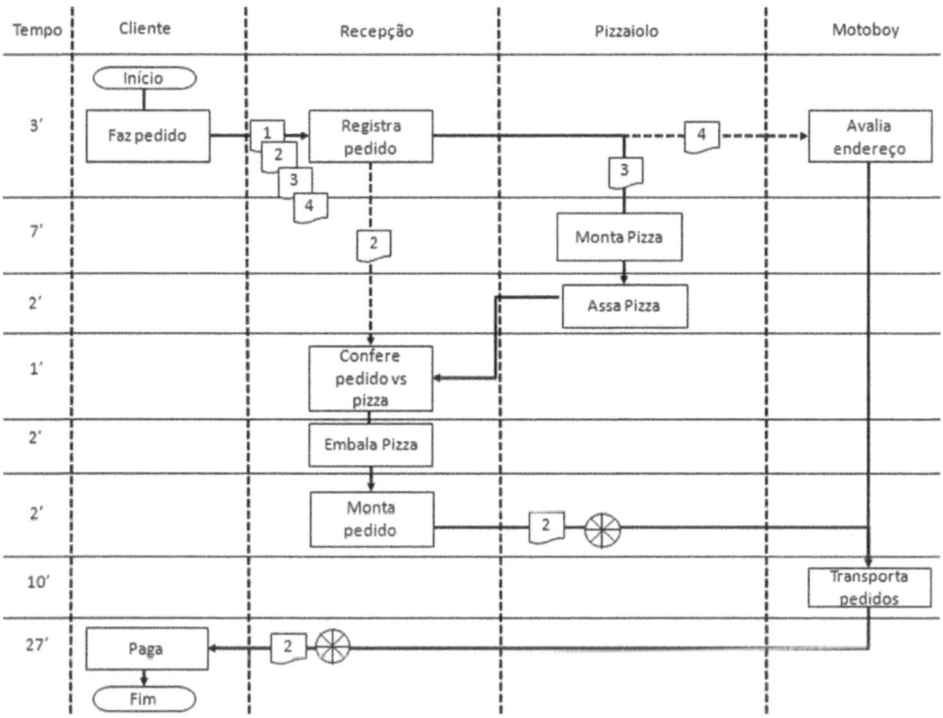

Figura 13

Neste exemplo, destacam-se as colunas para demarcar as áreas funcionais ou perfis responsáveis pela execução das atividades. Essa notação facilita a sua descrição, uma vez que agrupa as atividades executadas pelo mesmo perfil. Além disso, as raias horizontais determinam o *timing* de execução. Essa informação é importante quando o desempenho do processo é medido pelo prazo de entrega. As atividades são posicionadas no diagrama mostrando se são feitas em sequência ou se há paralelismo. É utilizada uma simbologia padrão para representar cada atividade ou artefato utilizado. Essa técnica será abordada com mais detalhes no Capítulo 3.

2.2. Gestão

Cabe à gestão de processos operacionalizar os objetivos de negócio da empresa. Existem as operações que interligam a organização com o ambiente externo (fornecedores, governo e clientes), como, por exemplo, as operações de compra, de pagamento, de venda e de atendimento ao cliente e as operações internas como gestão de pessoas e contabilidade.

As operações, por sua vez, são constituídas de processos, e estes, por atividades. Um conjunto de atividades, não necessariamente de um mesmo processo, que estão sob responsabilidade de uma mesma área especializada ou funcional constituem-se em funções.

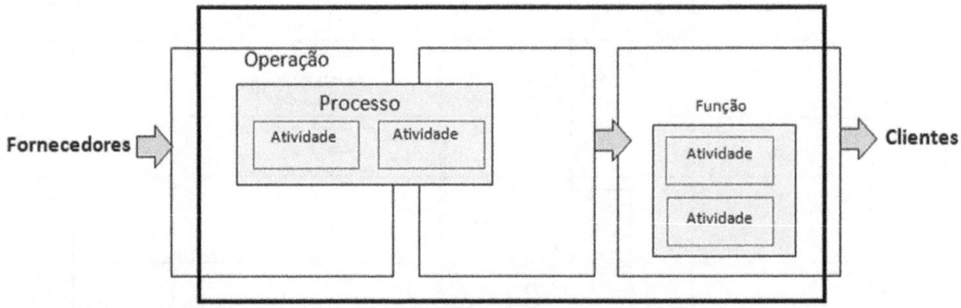

Figura 14

Os principais objetivos da gestão de processos são:

- Operacionalizar e otimizar recursos do sistema, buscando eficiência e eficácia em termos de desempenho do processo.
- Reduzir o número de erros ou falhas: a diminuição de erros afeta diretamente os custos do processo, além de aumentar a percepção do cliente sobre a qualidade do produto ou serviço.
- Reduzir o tempo de execução: além de diminuir o custo, também aumenta a percepção de qualidade de entrega para o cliente.
- Reduzir o custo do processo é um dos fatores que tornam a empresa mais competitiva.
- Aumentar a produtividade significa aumentar a eficiência do processo utilizando menos insumos para conseguir os mesmos resultados.
- Reduzir risco operacional, ou seja, diminuir as falhas de sistemas, equipamentos e erros humanos no nível de prevenção, avaliação e detecção.
- Aumentar o nível de segurança do processo: a segurança é um aspecto muito importante para a integridade, a confiabilidade e o sigilo das informações.

2.2.1. Gestão de processos *versus* gestão de projetos

É importante entender claramente a distinção entre gestão de projetos e gestão de processos. Segundo o *PMBOK® Guide*, um projeto é um esforço conjunto executado em um tempo determinado para atingir um objetivo específico tangível que atende a determinadas partes interessadas.

Quando um projeto termina, os recursos do projeto podem ser realocados para outros projetos ou ser incorporados ao processo que o operacionalizará. Esse processo resultante constitui-se numa operação do dia a dia, pois produz um resultado repetitivo sem um tempo determinado de término e consequentemente deixa de ser um projeto e passa a pertencer ao domínio da gestão de processos.

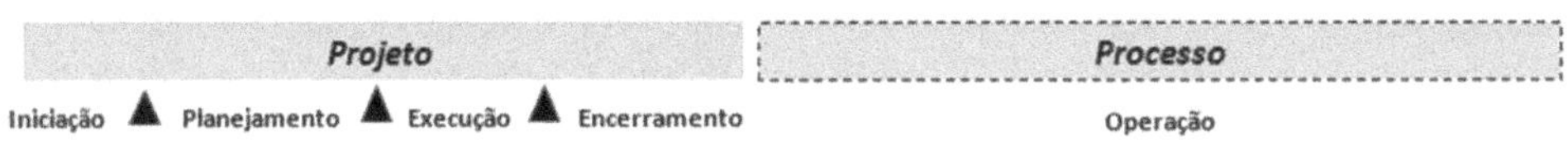

Figura 15

2.2.2. Gestão de processos *versus* gestão por processos

Além da "gestão **de** processos", surge a "gestão **por** processos". A gestão de processos indica que o objeto da gestão é o processo. Nesse sentido, busca-se otimizá-lo efetuando a análise e a execução de ações com base em um determinado método escolhido para melhorar algum indicador de desempenho.

A gestão por processos, por sua vez, indica uma visão e uma cultura de atuação. Nesse novo paradigma, a organização é estruturada e visualizada como sendo constituída por um conjunto de processos integrados e gerida através destes. Essa visão procura complementar a visão de gestão de processos.

2.3 Arquitetura

Para a implantação de um escritório de processos, é importante que uma cultura de gestão por processos seja estabelecida e divulgada. Em uma visão tradicional, as organizações são estruturadas e divididas em funções. Essas funções agrupam atividades especializadas, como, por exemplo, as áreas financeira, de marketing, RH, TI e contabilidade. Assim, cada qual desempenha o seu papel dentro das organizações efetuando interações e troca de informações, serviços e produtos entre os silos verticais funcionais.

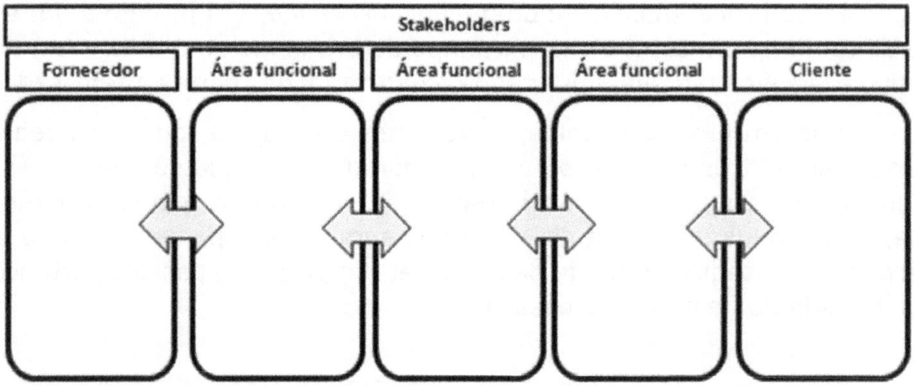

Figura 16

No caso de uma estrutura por processos, estes são vistos de forma transversal às áreas funcionais. Cada etapa de um processo pode ter sua responsabilidade atribuída a uma área funcional. Uma entrega pode caracterizar as fronteiras entre áreas funcionais, porém não delimita um processo.

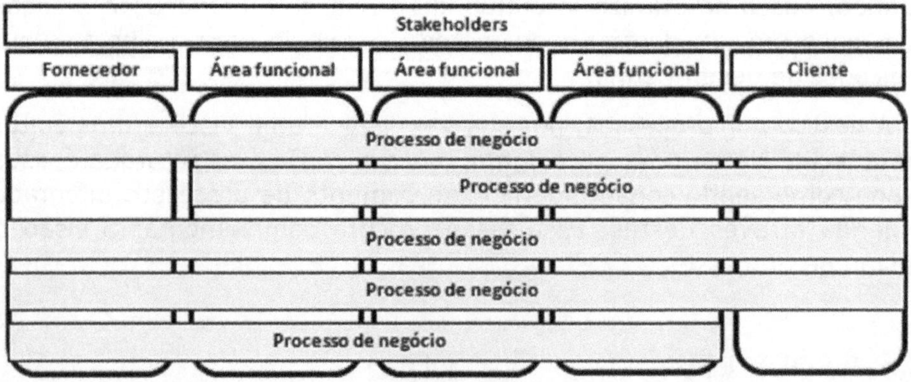

Figura 17

Dessa forma, um processo pode ser constituído de várias atividades e entregas. Consequentemente, cada uma das entregas e atividades pode ser monitorada por critérios de desempenho.

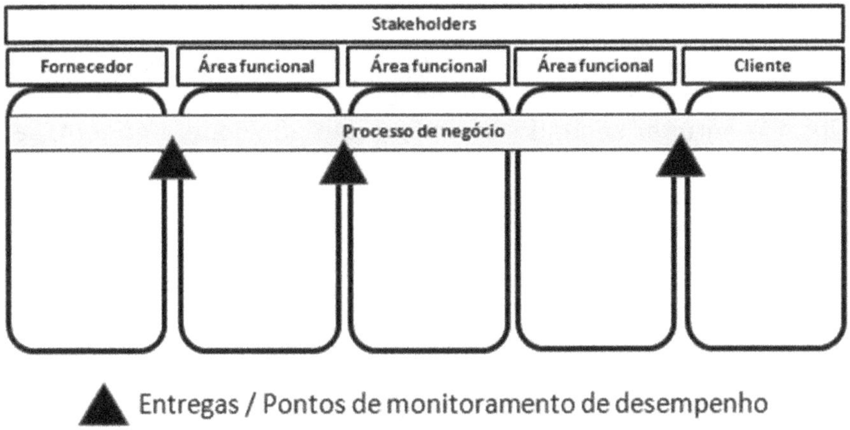

Figura 18

2.3.1. Estrutura funcional e estrutura por processos

A vantagem da **estrutura funcional** é uma forte especialização dos colaboradores de uma determinada área, que tendem a apresentar visão limitada, procurando atingir resultados locais, mas podendo perder a visão de resultado do conjunto.

Uma estrutura funcional forte pode inibir uma estrutura por projetos, uma vez que o gerente funcional detém a autoridade de alocar os recursos.

A estrutura por processos possibilita a visão de ponta a ponta, da entrada dos insumos até a entrega do produto ou serviço ao cliente, e facilita uma estrutura de gestão de projetos.

Requer a figura do dono do processo, que é uma função não necessariamente vinculada a uma estrutura hierárquica. Ele deve possuir um cargo que lhe permita ter autoridade e tomar decisões sobre um grupo de processos.

É mais intuitivo associar a saída de um produto ou serviço ao processo e não à função.

A estrutura por processo não é uma estrutura organizacional tão usual como a funcional.

2.3.2. Visão de arquitetura

A arquitetura é uma forma de organizar e visualizar os processos objetivando a sua sustentação e otimização. Tem o objetivo de padronizar, classificar e agrupar segundo critérios como afinidade e origem, reaproveitar processos existentes no desenho de outros novos, economizando esforço, e possibilitar a identificação de oportunidades de otimização. Ela deve estar projetada em consonância com a cadeia de valor da organização.

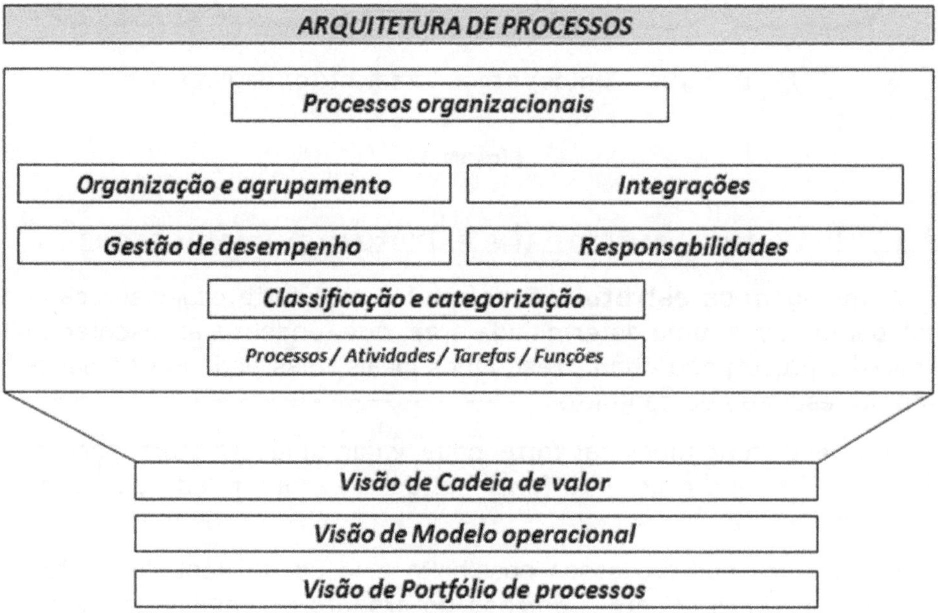

Figura 19

2.3.3. Visão da cadeia de valor

A cadeia de valor representa um conjunto de operações ou macroprocessos que adiciona cada qual o seu valor ao produto ou serviço que é entregue ao cliente.

Nesse contexto, o escritório de processos não possui somente o papel de servir de ligação com o planejamento estratégico; ele essencialmente agrega valor à cadeia de processos da organização. Isso significa que deve auxiliar as áreas organizacionais a otimizar as diversas partes da cadeia com o objetivo final de atender ou superar as expectativas de seus clientes. Agregar valor significa reduzir custos, entregar mais rápido, atender à variação de demanda e entregar com mais qualidade.

Porter (1985) introduziu o conceito da cadeia de valor, onde diferenciava os processos de suporte dos processos primários. Essa representação proposta prevalece até os dias de hoje. É um instrumento importante para mapear os processos internos das empresas e busca explicar a competitividade.

Cada grupo de processos contribui com sua parte para os ganhos representados pelo conceito de margem. O ponto importante é identificar que cada conjunto de processos está interconectado, gerando um valor para o cliente final.

Figura 20[2]

Segue o exemplo de uma cadeia de valor do negócio do tipo medicina diagnóstica para o agendamento, a execução e a entrega de resultados ao paciente.

[2] Fonte: adaptado de Porter (1985).

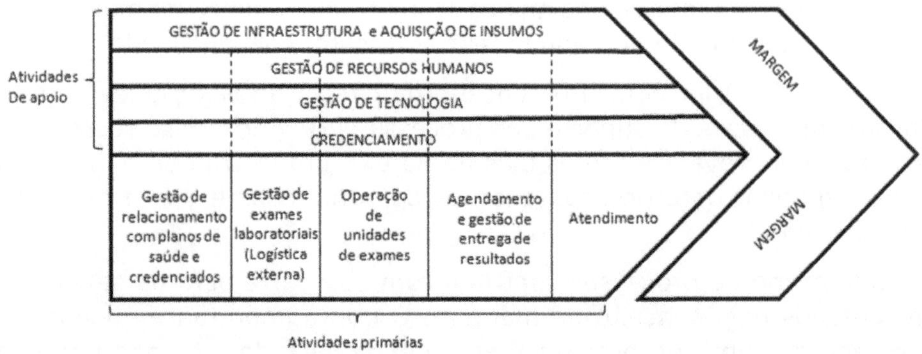

Figura 21[3]

Observe que, no exemplo, a logística externa do modelo original foi substituída por gestão de relacionamento com planos de saúde e credenciados e gestão de exames laboratoriais. O item "Aquisição" é substituído por "credenciamento".

O manual do CBOK (*Common Body of Knowledge*), que consolida as melhores práticas de gestão de processos, categoriza como processos primários aqueles de ponta a ponta que são transversais às áreas funcionais e agregam valor diretamente ao cliente. Observe a distinção entre os silos funcionais e os processos que se comunicam com o cliente.

Esquema de processo primário:

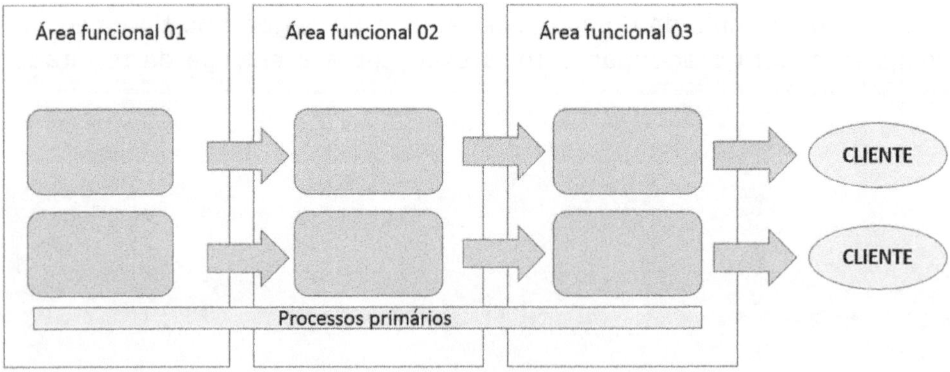

Figura 22

[3] Fonte: adaptado de Porter (1985).

2.3.4. Visão do modelo operacional

O modelo operacional complementa a visão de arquitetura e, juntamente com a cadeia de valor, mostra como a organização e o negócio funcionam.

Ele pode representar a situação atual (modelo operacional *AS IS*) ou uma situação futura de como o negócio deveria funcionar (modelo operacional *TO BE*). Propicia o agrupamento de processos, funções e atividades segundo critérios bem definidos e de forma clara. O modelo operacional é essencial ao mapeamento dos processos porque fornece um mapa geral das funções agregadas e das interações com o meio externo.

É importante não confundir o modelo operacional com o layout de uma operação. Este último mostra os equipamentos e locais físicos onde cada atividade do processo é executada. O modelo operacional, por sua vez, mostra o que deve ser feito e não como deve ser feito. Ele pode ser bastante útil antes da etapa do desenho de novos processos.

O exemplo mostra um modelo operacional para um negócio do tipo *fast food*.

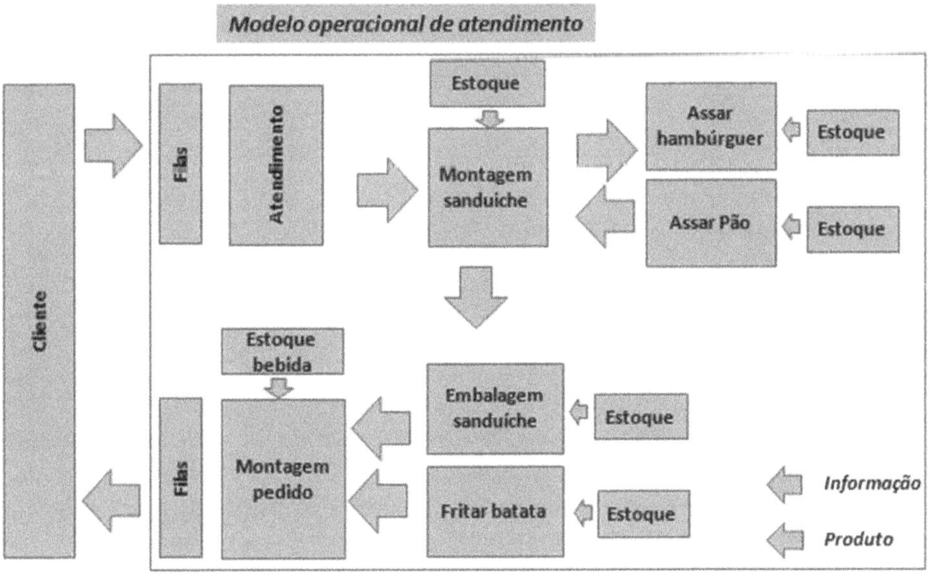

Figura 23

À primeira vista, é bastante semelhante ao seu layout físico. Porém, o mapa não registra a escala e os blocos funcionais não estão relacionados ao tamanho do espaço físico. Nota-se que deve haver uma atividade de montagem de sanduíche, mas não se sabe ainda quais equipamentos serão alocados para essa estação.

Esse modelo operacional pode ser refinado para ser transformado em um modelo operacional *TO BE*. Neste caso, serão utilizadas as informações de volume e outros dados para efetuar o dimensionamento das funções e das estações de trabalho. O modelo de fila deverá ser determinado, bem como o dimensionamento do seu tamanho médio. Nesse momento do desenho da nova solução de processos, devem ser determinados quais equipamentos e sistemas serão utilizados e em quais funções e estações.

2.3.5. Visão do portfólio de processos

O portfólio de processos é um conjunto de processos agrupados e classificados segundo critérios definidos para facilitar a sua visualização, a sua gestão e a sua otimização. Seu valor está em gerir o conjunto de processos em detrimento da sua gestão individual. Contém uma série de atributos que facilita a sua gestão e ao mesmo tempo facilita a identificação de oportunidades de melhoria ou inovação. O assunto será aprofundado no Capítulo 3.

2.4. Gestão de desempenho

2.4.1. Fatores de competitividade

Uma das responsabilidades do escritório de processos é contribuir com a manutenção da competitividade da organização, que atua em cinco dimensões:

- **Velocidade:** a velocidade de criação, aquisição, produção e entrega do serviço ou produto ao cliente. A rapidez com que a organização cria novos produtos, os operacionaliza e executa os processos pode ser um diferencial e base de vantagem competitiva. Pode associar-se ao aspecto de inovação.
- **Flexibilidade:** atender a diferentes volumes e à multiplicidade de produtos e serviços faz com que uma determinada organização seja competitiva em relação às flutuações de pedido dos clientes e de novos tipos de demandas.

- **Entrega:** remete à confiabilidade de cumprir o prometido. Entregar na quantidade combinada, no lugar combinado e na data combinada.
- **Custo:** as empresas vivenciam constantemente ações de redução de custos para propiciar preços competitivos e maior rentabilidade.
- **Qualidade:** visa eliminar ou reduzir erros e falhas. Além disso, direciona os esforços da organização na redução de variabilidade da operação que afeta os produtos e serviços que o cliente espera receber.

Todos os processos possuem um ou mais indicadores de desempenho baseados nessas dimensões, e estes, por sua vez, necessitam de metas a serem atingidas. Cada meta é constituída de um objetivo, de um valor a ser alcançado e de um prazo.

Eventualmente também podem ser atribuídas a ela faixas de tolerância. O objetivo da gestão de processos é posicionar os valores atuais dos indicadores dentro da faixa de tolerância estabelecida e o mais próximo da meta.

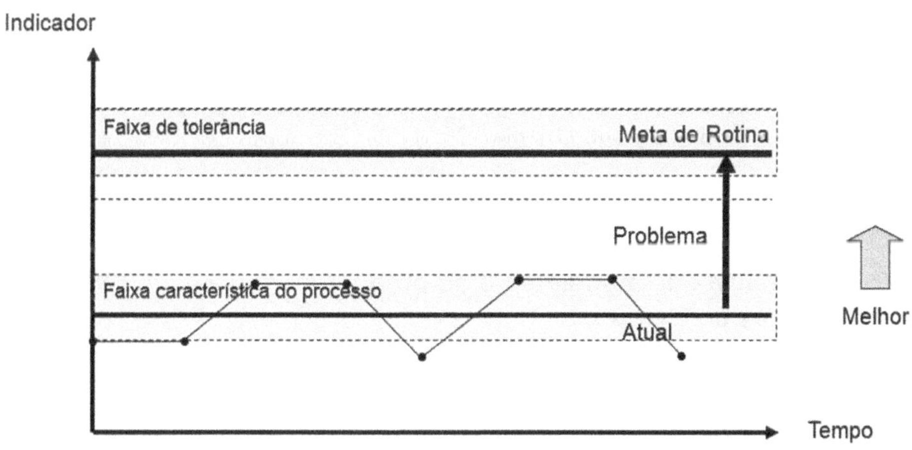

Figura 24

Um problema pode ser caracterizado como um efeito indesejado ou uma meta não atingida.

2.4.2. Indicadores de eficácia e de eficiência

Fundamentalmente, existem dois tipos de indicadores de desempenho de processos: o que mede o efeito ou resultado do processo, ou seja, a saída do processo denominado de indicador de eficácia ou de resultado, e o indicador de eficiência, que mede o uso ou consumo de insumos (causas) do processo chamado também de direcionador.

2.4.2.1. Indicador de eficácia

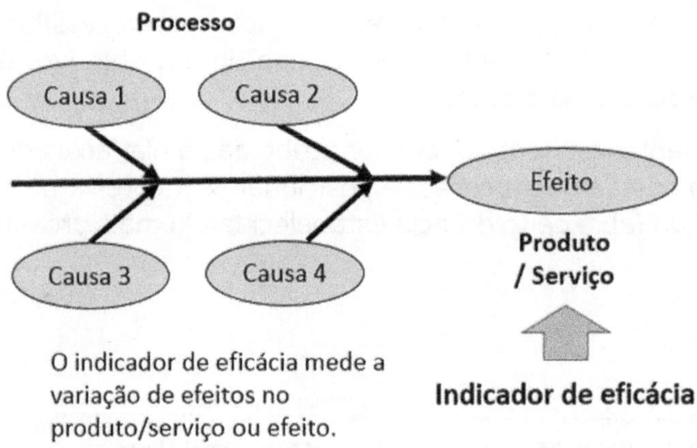

Figura 25

- Indica o nível de atendimento do produto ou serviço em relação aos requisitos do cliente.
- Mede a alteração nas variáveis de efeito no produto.
- Está associado às dimensões qualidade, entrega e custo.

Exemplos:

- % de pedidos atendidos no prazo (dimensão entrega).
- % de peças recusadas (dimensão qualidade).
- Custo total do processo (dimensão custo).

2.4.2.2. Indicador de eficiência

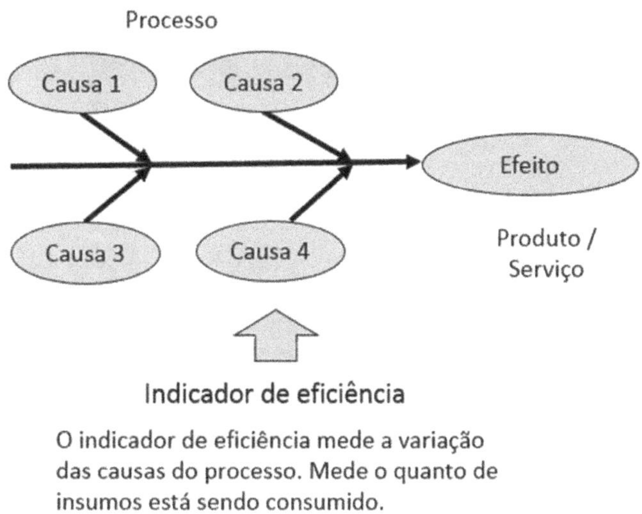

Figura 26

- Mede a alteração nas variáveis de causa do processo.
- Está associado aos 6Ms: método, matéria-prima, mão de obra, meio ambiente, máquina e medida.

Exemplos:

- Número de horas extras (mão de obra).
- Temperatura/pressão de um processo industrial (método).
- Horas de treinamento (mão de obra).

2.4.3. Indicadores de desempenho de processos

Partimos dos fatores de competitividade e dos conceitos de eficácia e de eficiência para estruturar os indicadores de desempenho da organização. Para o escritório de processos este é um item muito importante, pois norteia a identificação de oportunidades de melhoria, uma vez que aponta para os processos que não estão desempenhando segundo uma meta e uma faixa de tolerância estabelecidas.

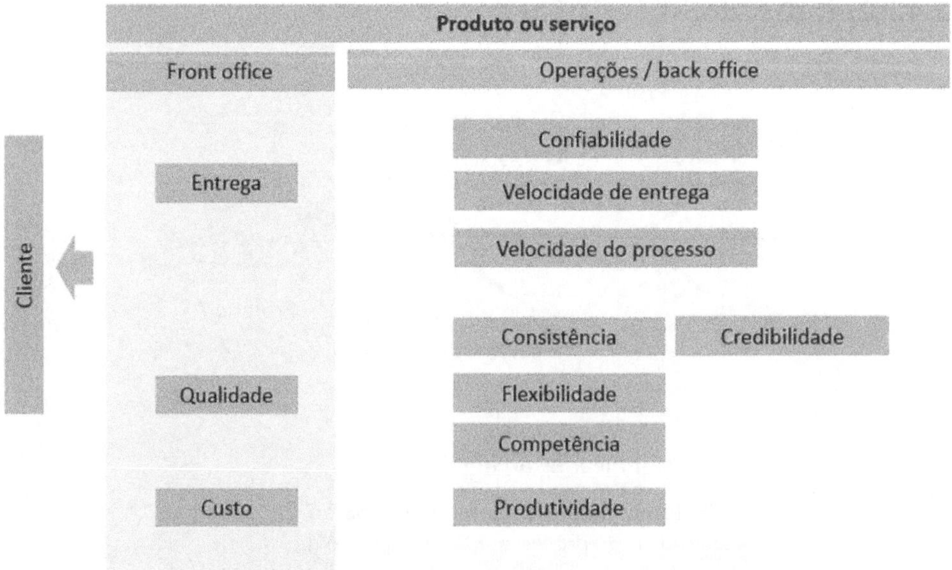

Figura 27

No exemplo, observa-se a figura do cliente que é atendido pela função de *front office*, por onde são entregues os produtos e serviços. O desempenho dessa função é medido por três indicadores de eficácia (entrega, qualidade e custo). As operações de *back office* são medidas por outros oito indicadores de eficiência correspondentes.

Nesse caso, os indicadores de eficácia medem diretamente a satisfação do cliente. Os indicadores de eficiência, por sua vez, medirão o desempenho da operação que está relacionada com os indicadores de eficácia.

A visão por processos favorece enormemente o estabelecimento de uma visão de indicadores de desempenho da cadeia de valor.

Observe que a estrutura por processos facilita a visualização e o controle das entregas intermediárias até a entrega final ao cliente. Facilita também a vinculação de indicadores de desempenho onde cada entrega pode ser medida conforme seu grau de eficácia. As entregas intermediárias podem ser monitoradas através de indicadores de eficiência.

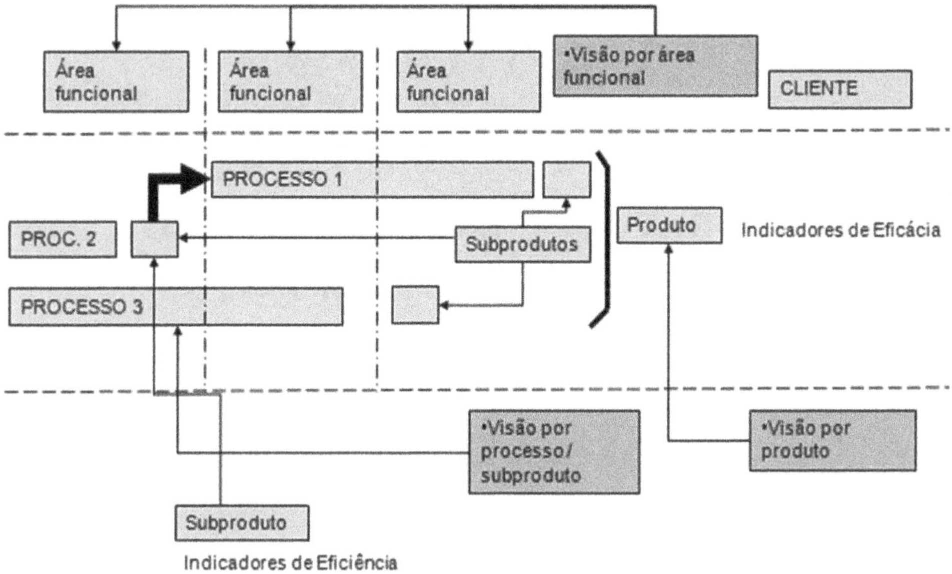
Área funcional
Área funcional
Área funcional
•Visão por área funcional
CLIENTE
PROCESSO 1
PROC. 2
Subprodutos
Produto
Indicadores de Eficácia
PROCESSO 3
•Visão por processo/ subproduto
•Visão por produto
Subproduto
Indicadores de Eficiência

Figura 28

CAPÍTULO 3

FRAMEWORK DE PLANEJAMENTO, ESTRUTURAÇÃO E IMPLANTAÇÃO DE UM ESCRITÓRIO DE PROCESSOS

Um *framework* é a representação de um processo estruturado com base no acúmulo de conhecimentos de teorias e de melhores práticas. É um conjunto de atores, atributos, conceitos, relações, atividades, responsabilidades e regras que, neste caso, objetiva estruturar e implantar um escritório de processos. Os benefícios de sua utilização são:

- Proporcionar um método para o planejamento e a estruturação, reduzindo esforços e retrabalho.
- Agilizar a busca por informações, pois é um conjunto de conhecimentos previamente consolidados.
- Proporcionar um padrão que facilite a disseminação de conhecimento.
- Aumentar a qualidade das entregas por reunir resultados de pesquisas anteriores e melhores práticas.

Dois *frameworks* serão descritos na sequência: o primeiro define como planejar, estruturar e implantar um escritório de processos. Já o segundo aborda o seu processo de operação e condução.

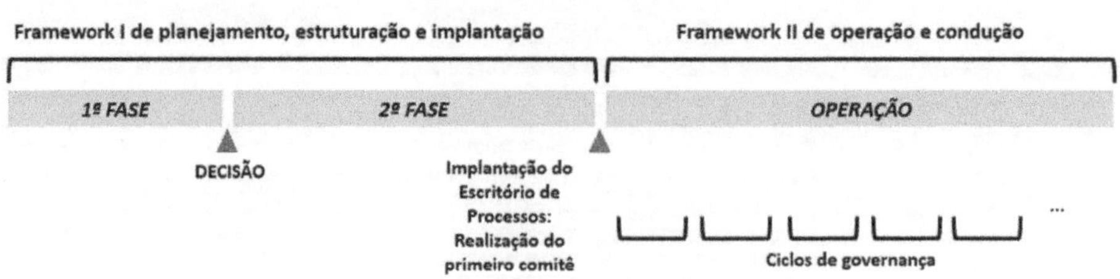

Figura 29

FRAMEWORK I – PLANEJAMENTO, ESTRUTURAÇÃO E IMPLANTAÇÃO

As atividades de planejamento, estruturação e implantação de um escritório de processos que constituem o primeiro *framework* podem ser consideradas um grande projeto. Este possui uma duração determinada e objetiva entregar um resultado ou produto bem definido, que é um escritório de processos.

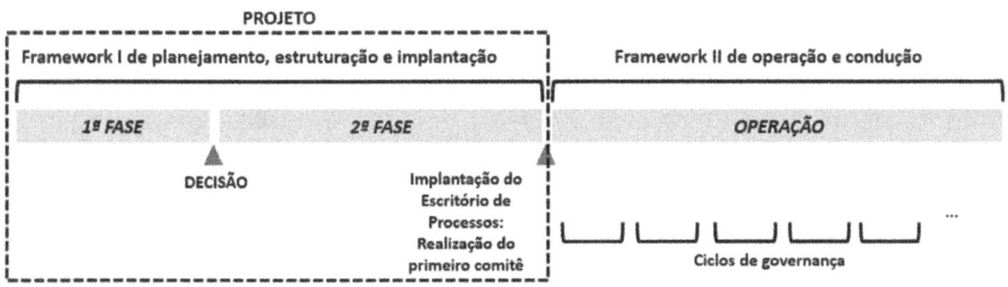

Figura 30

Este projeto pode ser dividido em duas fases:

A **Fase I** efetua todo um planejamento e realiza estudos prévios sobre a decisão de implantação de um escritório de processos. Estes são baseados em análise de viabilidade técnica e em avaliação de benefícios potenciais quantitativos e qualitativos para a organização. Esta fase é constituída de duas etapas: a primeira resulta no planejamento das atividades e a outra na condução de projetos pilotos, que é semelhante a um teste de mesa para avaliar a viabilidade e a continuidade do projeto.

A **Fase II** consiste na estruturação e implantação do escritório de processos com base no planejamento e nas avaliações desenvolvidos na fase anterior. Consiste no desenvolvimento de uma governança de processos e na definição de seus principais instrumentos de apoio. Esta fase é subdividida em cinco etapas: definição do processo de governança, definição de arquitetura, definição de componentes do portfólio de processos, definição de métodos, técnicas e ferramentas e mapear portfólio de processos.

A seguir, o *roadmap* (cronograma de alto nível) do *Framework* I de planejamento, estruturação e implantação do escritório de processos desdobrado em suas etapas:

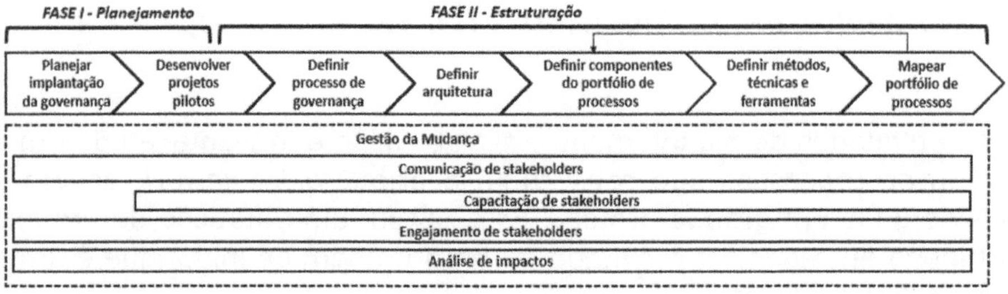

Figura 31

Observe que surge um grupo de etapas de gestão de mudanças que não constitui essencialmente uma fase, mas inicia suas atividades concomitantemente à primeira etapa. Essa disciplina é muitas vezes negligenciada no desenvolvimento de projetos, porém é essencial para manter a coesão e o engajamento de todas as partes interessadas da organização. Ela possui quatro frentes principais: comunicação, capacitação, engajamento e análise de impacto.

O resultado final da Fase II, além da estruturação de um escritório de processos, é um processo de governança.

3.1. Fase I

A primeira fase propõe-se a executar atividades de planejamento e estudos prévios para subsidiar a decisão de implantação de um escritório de processos. Assemelha-se a um teste de mesa para avaliar a viabilidade técnica, qualitativa e financeira dessa entrega. Ao término da fase, será feita uma avaliação sobre a continuidade do projeto de implantação.

3.1.1. Etapa Planejar implantação da governança

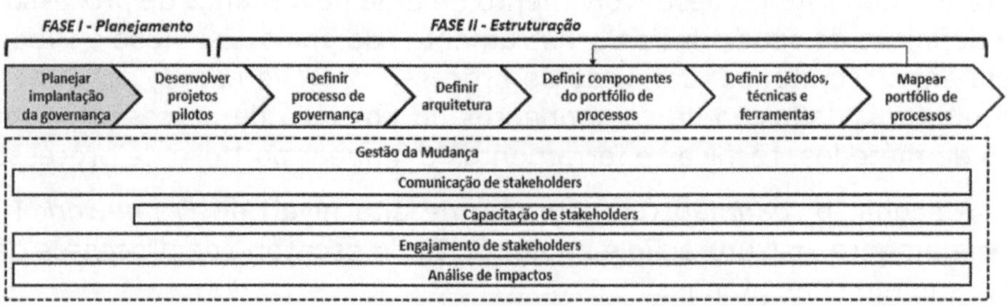

Figura 32

O objetivo desta etapa é desenvolver um plano de trabalho para a implantação do processo de governança e demais instrumentos de apoio. Apesar de nesse momento ainda não haver uma aprovação formal da Fase I, sugere-se já desenvolver um cronograma geral preliminar para ambas as fases, para estimar prazos e esforços.

Uma vez que o conjunto de atividades das Fases I e II pode ser considerado um grande projeto (pois possui uma entrega tangível e um prazo determinado), esta etapa pode caracterizar-se como a iniciação do projeto. Nela, pode ser elaborado um termo de abertura para obter a autorização para o seu início e pode ser feita a atribuição de um gestor para o projeto.

Exemplo simplificado de uma autorização do projeto de implantação do escritório de processos:

Projeto: Estruturação e implantação de um escritório de processos

Objetivo: Alinhar e operacionalizar estratégias; implantar governança de processos; otimizar e inovar processos

Escopo: Todas as unidades organizacionais

Meta: Implantar o escritório de processos em até seis meses

Entregas:
- Escritório de processos estruturado
- Processo de governança
- Projetos pilotos avaliados

Custo estimado: A definir

Orçamento: R$ 100 M

Restrições: Não há

Benefícios estimados: 1 MM / ano

Premissas: Não há

Gestor: Consultor externo

Cronograma macro

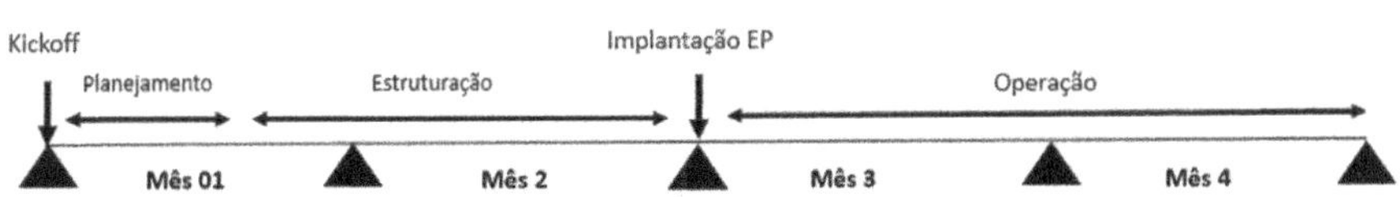

Figura 33

Em seguida, através da elaboração de uma estrutura analítica de projeto (EAP), são definidas quais atividades farão parte do plano de trabalho. A estrutura analítica tem a função de facilitar a definição e a declaração das entregas do projeto.

Exemplo de uma estrutura analítica de projeto de implantação do escritório de processos:

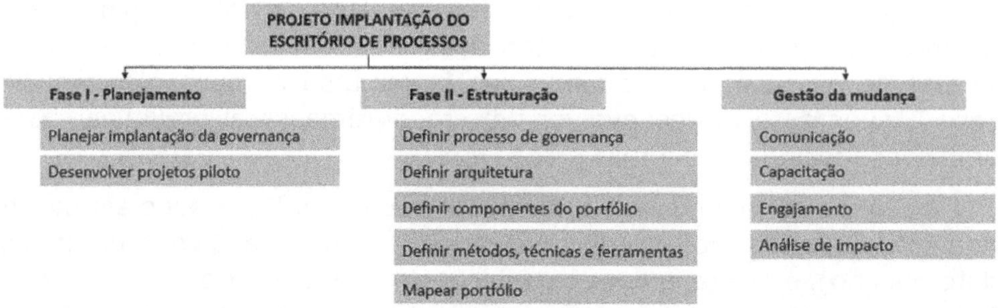

Figura 34

Nesta etapa, também devem ser definidos os colaboradores que farão parte da equipe inicial e descritas as suas respectivas responsabilidades. O desejado é a montagem de uma equipe multidisciplinar composta de um líder, especialistas ou analistas em gestão de processos auxiliados por uma equipe de representantes de diversas áreas da organização, como áreas funcionais, controladoria, TI, projetos e auditoria e *compliance*. Um comitê também deve ser constituído para avaliar os resultados da Fase I.

Exemplo da composição da equipe de projeto de implantação do escritório de processos:

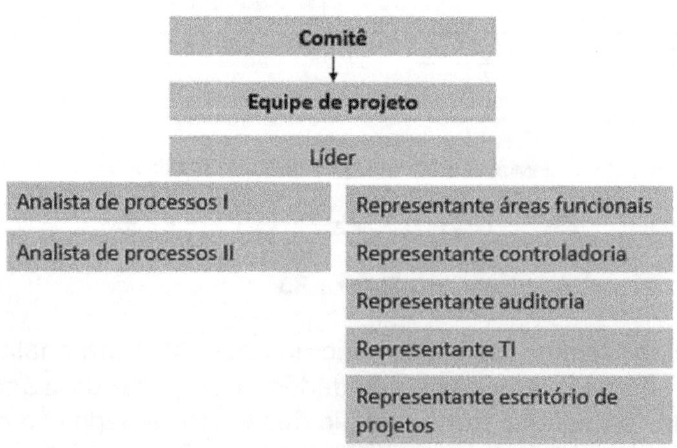

Figura 35

Uma vez autorizadas e estabelecidas as atividades da equipe de projeto, gera-se um cronograma de projeto preliminar de alto nível para as Fases I e II.

Exemplo de cronograma do projeto de implantação do escritório de processos:

FASE	Etapa	Situação	Periodos
I	Planejar implantação da governança	A iniciar	
I	Desenvolver projetos piloto	A iniciar	
I	Decisão de continuidade	A iniciar	
II	Definir processo de governança (componentes e responsabilidades)	A iniciar	
II	Definir arquitetura	A iniciar	
II	Definir componentes do portfólio de processos	A iniciar	
II	Definir métodos, técnicas e ferramentas	A iniciar	
II	Mapear portfólio de processos	A iniciar	
II	Gestão de mudança	A iniciar	

Figura 36

Também nesta etapa é fundamental definir uma espécie de comitê gestor (e seus respectivos membros), que, nessa fase específica, será responsável por avaliar o andamento, as entregas, os resultados obtidos e decidir sobre a continuidade do projeto. É essencial que seus membros tenham poder de decisão para aprovar ou não a criação de um escritório de processos.

3.1.2. Etapa Desenvolver projetos pilotos

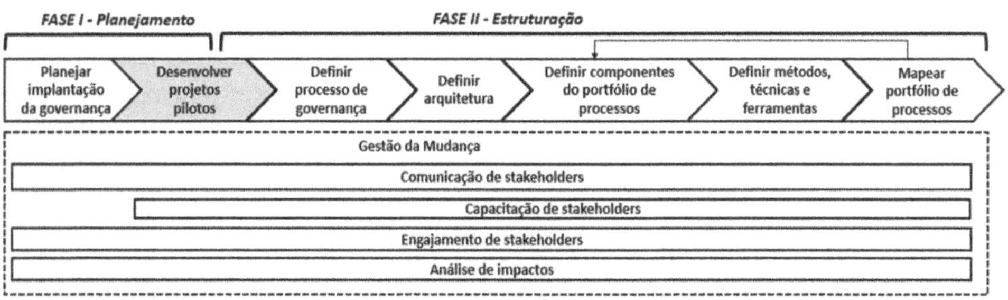

Figura 37

O objetivo desta etapa é avaliar os benefícios potenciais (qualitativos e quantitativos) das iniciativas de processos compostas por melhorias incrementais e/ou inovações antes de estruturar formalmente um escritório de processos e antes da elaboração de um processo de governança.

Antes de operacionalizá-lo de forma plena, recomenda-se que a equipe de projeto, em conjunto com o comitê, selecione para avaliação inicialmente algumas ações de melhoria e/ou redesenho de processos denominados projetos pilotos.

Esta é uma etapa cujo resultado consiste na decisão de continuar para a Fase II de estruturação e implantação do escritório de processos. Pode ocorrer em organizações onde a cultura de processos ainda não é tão presente, necessitando de evidências mais contundentes para subsidiar a decisão.

Através da mensuração dos ganhos financeiros e da avaliação de benefícios intangíveis obtidos com esses projetos pilotos, torna-se mais visível para a organização a utilidade de um escritório de processos.

Esses benefícios devem preferencialmente mostrar os ganhos financeiros. Podem ser declarados em termos de redução de custos, eliminação de multas, aumento de receitas de produtos e serviços, aumento de qualidade através da redução de riscos operacionais, de falhas e defeitos.

Recomenda-se que os projetos pilotos selecionados não sejam tão triviais e seus benefícios potenciais pouco impactem no resultado da organização. Além disso, recomenda-se que não sejam projetos muito longos e complexos de forma que inviabilizem a captura de um resultado de curto prazo para a decisão de avaliação.

Esta etapa pode ser eventualmente descartada caso o comitê entenda que existem evidências suficientes sobre os benefícios de iniciativas anteriores.

A equipe inicial, com a aprovação do comitê, pode sugerir a seleção de um ou mais projetos pilotos baseados nos seguintes critérios: importância do processo relacionado e o impacto de seus resultados para o negócio. Recomenda-se possuir ou estabelecer uma meta de desempenho desejada ou uma meta de *benchmark* de mercado para ser atingida. Além disso, procure estimar os ganhos financeiros atrelados a essa meta de desempenho.

Com base nos custos apurados e nos benefícios reais calculados, pode-se estimar um valor para representar o benefício financeiro do projeto. Em seguida, esses resultados devem ser apresentados e avaliados pelo comitê para a tomada de decisão quanto à implantação de um escritório de processos. Essa decisão pode ser aprovar, reprovar ou solicitar pilotos adicionais para a avaliação.

3.1.3. Etapa Gestão da mudança

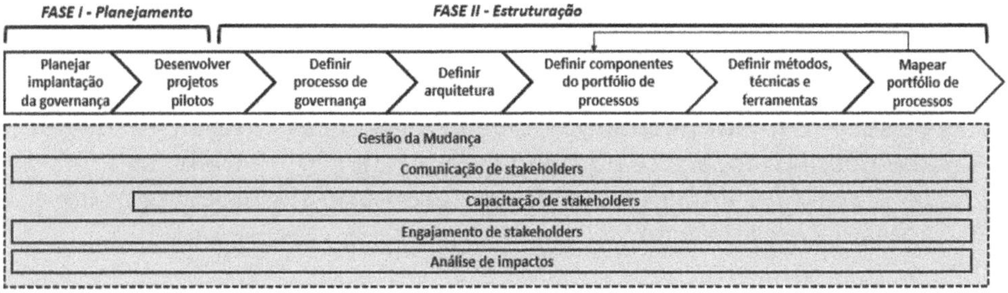

Figura 38

O objetivo da gestão da mudança é estabelecer um conjunto de ações para minimizar os impactos decorrentes da implantação de uma ação de transformação. E, como foi dito anteriormente, inicia-se juntamente com as etapas da Fase I e termina somente com a implantação do escritório de processos.

Nesse caso, a transformação será a implantação de um escritório de processos que deverá interagir com toda a organização. Deve-se desenvolver um plano de gestão de mudanças com foco em quatro frentes principais:

- **Gestão da comunicação:** planejar e promover continuamente a comunicação para todos os membros da equipe e *stakeholders*. Inicialmente são abordados os objetivos do projeto e as responsabilidades e os benefícios do escritório de processos. Divulga-se continuamente o processo de planejamento e estruturação, tornando-o mais transparente para os membros do próprio escritório de processos e para os demais colaboradores impactados.

- **Gestão de capacitação:** identificar, planejar, executar e gerenciar os resultados de todo o processo de capacitação da equipe de projeto e das partes interessadas ou *stakeholders*. O processo de capacitação começa com os próprios colaboradores da equipe designada preliminarmente com alguns dos principais métodos e técnicas em gestão de processos. Em uma etapa posterior, métodos, técnicas e ferramentas serão selecionados e definidos com maior rigor, porém para esta etapa é necessário um mínimo de nivelamento de conceitos entre os membros da equipe e alguns *stakeholders*.

- **Gestão de engajamento de *stakeholders*:** identificar, qualificar e acompanhar todas as partes interessadas, promovendo ações de engajamento e minimizando ruídos e barreiras que possam interferir no processo de planejamento, estruturação e implantação do escritório de processos.
- **Gestão de impactos:** identificar, classificar, avaliar, executar e acompanhar as ações de mitigação e redução de todos os impactos potenciais na implantação de um escritório de processos sobre as áreas da organização.

3.1.3.1. Frente de comunicação

Um instrumento importante para o planejamento e direcionamento das ações é a matriz de comunicação. Exemplo:

MATRIZ DE COMUNICAÇÃO							
ID	Título	Assunto da Informação	Ação Esperada	Público-Alvo	Meio ou Método da Comunicação	Emissor	Periodicidade
		(o que precisa ser comunicado)	(Por que deve ser comunicado)?	(Quem deve ser informado)	(Como deve ser comunicado)	(Responsável por comunicar)	(Ou momento)
0	Visão geral do programa	Objetivos e benefícios do programa	Entendimento dos principais objetivos e benefícios do programa e uma visão geral do roadmap	Corporativo	E-mail e Intranet	Gestão de mudanças (Gera), Gestor do projeto (Revisa), Comitê (Aprova), RH (Publica)	Quinzenal
1	Status do programa	Status do cronograma e principais riscos e issues	Divulgar informações relevantes e atualizadas dos projetos para principais stakeholders	Piloto, Heads e Gestores de segmentos	E-mail e Intranet	Gestão de mudanças (Gera), Gestor do projeto (Revisa), Comitê (Aprova), RH (Publica)	Semanal (após aprovação do gerente do projeto)

Figura 39

Seus principais atributos são:

- **ID:** código de identificação da ação de comunicação.
- **Título:** nome da ação de comunicação.
- **Assunto:** o conteúdo do que será comunicado.
- **Ação esperada:** o efeito esperado da ação de comunicação.
- **Público-alvo:** grupo de pessoas alvo da ação de comunicação.
- **Meio ou método de comunicação:** forma ou mídia utilizada na ação de comunicação.
- **Emissor:** área responsável pela geração e gestão da ação de comunicação.
- **Periodicidade:** frequência da comunicação (diária, semanal, quinzenal, mensal, semestral, anual).

É importante também possuir um *checklist* para subsidiar as atividades do plano.

Checklist de atividades:

- Contatar área de comunicação da empresa e obter padrões organizacionais de comunicação.
- Desenvolver o planejamento em conjunto com essa área especializada, se necessário.
- Verificar a necessidade de contatar fornecedores externos para desenvolver atividades de comunicação.
- Planejar e identificar mídias potenciais.

Podem ser gerados outros instrumentos de acompanhamento, em um nível mais detalhado.

Exemplo de matriz de comunicação (nível tático):

Comunicação e engajamento							
ID	Atividade	Público-alvo	Responsável	Conteúdo	Status	Data prevista	Data real
1	1a. Comunicação corporativa do projeto	Corporativo	*Endomarketing*	Objetivos e benefícios esperados	Concluído	19/08/2014	19/08/2014
2	2a. Comunicação corporativa do projeto	Gestores	Escritório de processos	Engajamento de gestores	Concluído	28/08/2014	29/08/2014
3	1a.Boletim mensal do projeto	Corporativo	*Endomarketing*	Andamento do projeto	Concluído	20/09/2014	21/09/2014
4	3a. Comunicação corporativa do projeto	Gestores	Escritório de processos	Andamento do projeto	Previsto	01/10/2014	
5	1a. Ação de engajamento	Gestores	Escritório de processos	Engajamento de gestores	Previsto	TBD	

Figura 40

Exemplo de matriz de comunicação (nível operacional):

Mensagem	Público	Qtde colaboradores	Canal	Status	DT prevista
Kick-off do projeto	Gestores e usuários	300	E-mail / Intranet	Concluído	15/04/2015
Comunicação semanal	Gestores e usuários	300	E-mail / Intranet	Concluído	25/04/2015
Atividade de engajamento	Gestores	15	E-mail / telefone	A iniciar	03/05/2015
Comunicação semanal	Gestores e usuários	300	E-mail / Intranet	A iniciar	05/05/2015
Atividade de engajamento	Gestores	15	E-mail / telefone	A iniciar	01/06/2015

Figura 41

3.1.3.2. Frente de capacitação

Um instrumento importante para o planejamento e direcionamento das ações é a matriz de capacitação. Exemplo:

MATRIZ DE CAPACITAÇÃO							
ID	*Título*	*Assunto da Capacitação*	*Ação Esperada*	*Público-Alvo*	*Meio ou Método de capacitação*	*Responsável*	*Período*
0	*Capacitação piloto fundamentos Programa*	*Visão geral, objetivos e benefícios e ondas do programa. Funcionalidades da ferramenta de gestão de projetos*	*Capacitação sobre fundamentos do programa e da ferramenta*	*Equipe Piloto*	*E-learning*	*Equipe de Gestão de mudanças*	*17/05 a 13/06*
1	*Capacitação piloto fundamentos Programa*	*Visão geral, objetivos e benefícios e ondas do programa. Funcionalidades da ferramenta de gestão de projetos*	*Capacitação sobre fundamentos do programa e da ferramenta*	*Equipe Piloto*	*Presencial sala de aula*	*Equipe de Gestão de mudanças*	*16/06 a 20/06*

Figura 42

Seus principais atributos são:

- **ID:** código de identificação da ação de capacitação.
- **Título:** identificador ou título da capacitação.
- **Assunto da capacitação:** descrição sumária da ação de capacitação.
- **Ação esperada:** resultado esperado da ação de capacitação.
- **Público-alvo:** grupo de pessoas a serem capacitadas.
- **Meio ou método de capacitação:** formas ou instrumentos de capacitação.
- **Responsável:** área ou gestor responsável pela capacitação.
- **Período:** quando ocorrerá a capacitação.

Em um acompanhamento mais detalhado, a matriz pode ser desdobrada em um nível mais tático. Exemplo de matriz de capacitação (tático):

Atividades de capacitação												
	Treinamento	Natureza	Conteúdo	Período de aplicação	Responsável pela condução	Suporte na condução	Duração	Público-alvo	Modo	Comunicação	Ferramentas de apoio	Observação
1	E-learning (teste piloto)	Piloto	Módulos 1 a 10	17/05 a 13/06	Escritório de processos	Gerência de treinamento	Em média 30 minutos.	Grupo piloto do projeto	Remoto	Gerência de treinamento	Planilha de acompanhamento de execução e resultados do E-learning + Relatório de avaliação de reação	
2	Capacitação presencial (teste piloto)	Piloto	Módulos 1 a 10	16/06 a 20/06	Escritório de processos	Gerência de treinamento	8h	Grupo piloto do projeto	Treinamento em sala de aula	Gerência de treinamento	Relatório de avaliação de reação	Formato das mesas em U. Equipamento de projeção.
3	E-learning usuários finais	Preparação para Roll out	Módulos 1 a 10	16/06 a 11/07	Escritório de processos	Gerência de treinamento	Em média 30 minutos.	Todos os usuários finais	Remoto	A comunicação será feita pelo RH	Planilha de acompanhamento de execução e resultados do E-learning + Relatório de avaliação de reação	
4	Palestra de funcionalidades	Preparação para roll out	Módulo 1 a 10	24/06 a 11/07	Escritório de processos	Gerência de treinamento	8h	Usuários finais, Líderes, Coodenadores e gerentes de projetos	Treinamento em sala de aula	A comunicação será feita pelo RH	Relatório de avaliação de reação + Lista de presença + Controle de agendamento de salas e instrutores	Formato sala de aula. Equipamento de projeção.

Figura 43

Seus principais atributos são:

- **Treinamento:** título da ação de capacitação.
- **Natureza:** tipo da capacitação (preparação, piloto, *roll out*).
- **Conteúdo:** o que será ensinado.
- **Período de aplicação:** quando será aplicado.
- **Responsável pela condução:** quem será o responsável pela execução.
- **Suporte na condução:** quem auxiliará na gestão.
- **Duração:** tempo de execução (minutos, horas ou dias).
- **Público-alvo:** quem receberá a capacitação.
- **Modo:** forma de capacitação (EAD, *e-learning*, presencial).
- **Comunicação:** quem comunicará as ações.
- **Ferramentas de apoio:** que instrumentos adicionais serão necessários para suportar o treinamento (lista de presença, avaliação de reação, planilhas, exercícios).
- **Observação:** informações como formato da sala e disposição das mesas e cadeiras/equipamentos necessários.

As ações de capacitação também podem ser acompanhadas em um nível mais operacional. Exemplo de matriz de capacitação (operacional):

Capacitação											
ID	Atividades	Público-alvo	Responsável	Participação e suporte	Status	STATUS E-Learning				Data início	Data fim
						Revisão de conteúdo	No ar	Necessita ajustes	Áudio		
0	Des. Módulo 1 E-Learning Visão geral	Usuário final	Gestão de mudanças	RH	Em andamento	OK	OK	SIM	OK	05/05/2014	14/05/2014
0	Des. Módulo 2 E-Learning	Usuário final	Gestão de mudanças	RH	Em andamento	OK	OK	SIM	OK	05/05/2014	23/05/2014

Figura 44

É importante também possuir um *checklist* para subsidiar as atividades do plano:

- Contatar responsável pela área de treinamento na organização e obter padrões organizacionais.
- Desenvolver o planejamento em conjunto.
- Contatar e avaliar instrutores internos e externos.
- Verificar disponibilidade dos instrutores internos e externos.
- Contratar instrutores externos.

- Verificar disponibilidade e reservar salas de aula e equipamentos.

3.1.3.3. Frente de engajamento de stakeholders

Um dos maiores desafios é engajar os colaboradores nas ações de transformação. Dessa forma, é necessário identificar barreiras e facilitadores para auxiliar no planejamento e na execução das ações.

1 – O engajamento dos patrocinadores

O primeiro desafio é convencer os patrocinadores que o projeto é importante para a empresa e que trará resultados. Assim, é importante mostrar para a alta administração que existirá um retorno financeiro e haverá ganhos de qualidade na sua implantação.

Uma estratégia seria a implantação de projetos de melhoria e redesenho de processos sem ainda utilizar a denominação de "escritório de processos".

Mostrando continuamente os ganhos e resultados, a alta administração entenderá que o projeto é importante e se justifica.

2 – O engajamento dos pares

O segundo desafio é conseguir o apoio das áreas parceiras.

- **Áreas funcionais:** a melhor forma é efetuar os trabalhos de consultoria sob a forma de projetos de melhoria e redesenho de processos. Mostrando resultados, eles apoiarão não o escritório de processos em si, mas o desenvolvimento de novas iniciativas de otimização.

- **Escritório de projetos:** efetuar parcerias na condução de projetos compartilhados e também atuar em atividades de outros projetos onde são requeridas as competências de gestão de processos. Recomenda-se estabelecer claramente as responsabilidades de atuação para não haver sobreposição de atividades.

- **TI:** da mesma forma que gestão de projetos, efetuar parcerias em projetos conjuntos mesclando competências de ambas as áreas. Podem ser feitas parcerias para atividades de seleção de ferramentas de suporte à automação de processos.

- **Auditoria e *compliance***: podem ser demandantes da área de processos, pois podem identificar não conformidades e vários riscos potenciais em atuação conjunta com as áreas funcionais. Podem ser feitas parcerias para atividades de seleção de ferramentas e técnicas de mapeamento de processos, registro de procedimentos e riscos operacionais.

- **Controladoria:** a gestão do orçamento é o principal ponto em comum com o escritório de processos. A parceria se estabelece quando a controladoria entende que o escritório de processos pode ser mais um instrumento de controle e garantia do uso eficiente do orçamento.

Poderá haver eventualmente uma triangulação entre áreas de auditoria e *compliance*, áreas funcionais, TI, gestão de projetos e processos no planejamento e na execução de um projeto de otimização de processos.

Desenvolver treinamentos, palestras e seminários para as áreas parceiras disseminando os benefícios, as técnicas e os exemplos de ações em outras organizações também pode facilitar o engajamento.

A existência de comitês operacionais e executivos, conduzidos em conjunto com as áreas parceiras, também é uma forma de exposição e divulgação dos resultados do escritório de processos.

3 – O engajamento dos colaboradores

Os colaboradores serão os parceiros do escritório de processos na execução das iniciativas. Portanto, é um grupo extremamente importante a ser engajado.

Uma forma eficaz de engajamento é selecionar um colaborador experiente e de voz ativa no grupo para ser o seu representante no projeto. Sistematicamente, a equipe do projeto poderá convocá-lo para reuniões específicas de comunicação, fazendo com que ele divulgue posteriormente as informações para o seu próprio grupo.

Outra forma importante de engajamento é capacitar a equipe em métodos, técnicas e ferramentas de gestão de processos antes do seu envolvimento nas ações de transformação. As áreas parceiras, através de seus gestores, podem auxiliar nessa tarefa encaminhando os nomes para treinamento.

3.1.3.4. Frente de análise de impactos

Esta frente objetiva acompanhar os efeitos ocasionados pela transformação nos processos. Visa minimizar as consequências dos efeitos que de alguma forma alteraram a rotina das partes interessadas.

O monitoramento dos impactos é feito já no início da ação. A existência de um colaborador que atua como ponto focal pode auxiliar o processo de identificação, análise, planejamento de medidas, comunicação, capacitação e, consequentemente, minimização de impactos.

Os impactos podem ocorrer nos fornecedores, no ambiente em torno do processo, nos colaboradores, nos procedimentos, nos sistemas de informações e até mesmo nos clientes.

Exemplo de matriz de planejamento de análise de impacto:

	Processo	Mudança	Impacto	Status	Resp.	Dt implantação prevista	Dt implantação
1	Processo # 01	Desenvolver um programa de treinamentos para os colaboradores	Novos procedimentos e sistema para utilização	A iniciar	Gerente adminstrativo	31 de janeiro	
2	Processo # 02	Desenvolver um programa de treinamentos para os colaboradores transferidos para outras áreas	Adaptação na nova área	A iniciar	Gerente de compras	31 de janeiro	
3	Processo # 03	Desenvolver e implantar os novos procedimentos	Novo procedimento para utilização	A iniciar	Especialista + Supervisores	31 de janeiro	

Figura 45

Impactos não devem ser somente identificados disparando ações de mitigação. Essas ações devem ser continuamente monitoradas até a sua conclusão.

Exemplo de acompanhamento de análise de impacto:

	Processo	Mudança	Impacto	Status	Resp.	Dt implantação prevista	Dt implantação real	Risco	Plano de ação
1	Treinamento sobre o processo #01	Desenvolver um programa de treinamento para os colaboradores	Novos procedimentos e sistema para utilização	Atrasado	Gerente adminstrativo	31 de janeiro		Resistência de alguns colaboradoes da unidade 2 para aceitar o novo processo	Reforçar as vantagens e benefícios do novo processo junto a esta unidade através de workshops com a participação da administração executiva
2	Treinamento sobre o processo #02	Desenvolver um programa de treinamento para os colaboradores transferidos para outras áreas	Adaptação na nova área	Em andamento	Gerente de compras	31 de janeiro			
3	Comunicação fornecedores	Desenvolver e implantar os novos procedimentos	Novo procedimento para utilização	Em andamento	Especialista + Supervisores	31 de janeiro			

Figura 46

Seus principais atributos são:

⏭ **Processo:** o nome do processo onde existe potencial impacto.

⏭ **Mudança:** o evento de transformação ou ação sobre o processo.

- **Impacto:** o efeito potencial da mudança no processo.
- **Status:** situação do plano de ação para minimizar o efeito do impacto no processo.
- **Resp.:** colaborador encarregado de gerir o plano de ação.
- **Dt implantação prevista:** data prevista da implantação do plano de ação.
- **Dt implantação real:** data da implantação efetiva da ação.
- **Risco:** riscos ou barreiras em relação ao plano de ação.
- **Plano de ação:** descrição do plano de ação.

3.2. Fase II

3.2.1. Etapa Definir processo de governança

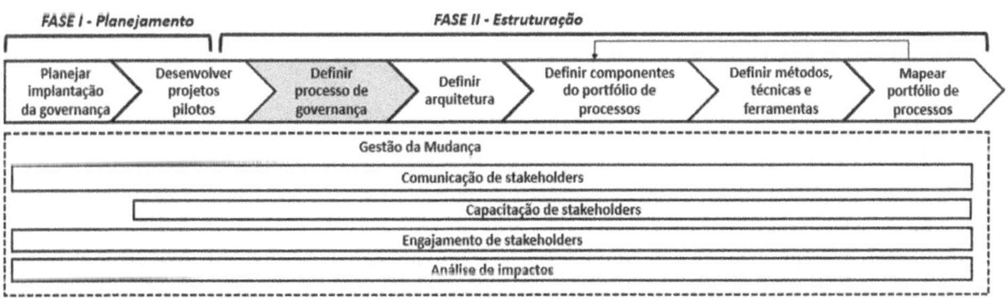

Figura 47

Aprovada a decisão pela continuidade na Fase I, o objetivo agora é definir o processo da governança com regras, procedimentos, responsabilidades e fluxo de trabalho para a estruturação e implantação do escritório de processos. É importante não somente definir e descrever, mas também formalizar e divulgar. Isso pode ser feito através de normas ou circulares internas da organização.

3.2.1.1. Refinar o *roadmap* de implantação

Providencia-se a execução do planejamento que já havia sido elaborado na Fase I. Além do detalhamento de cada etapa, é importante também identificar oportunidades de mudanças e ajustes no próprio *framework*, que se constitui em um guia de melhores práticas e não em um instrumento que possa enrijecer a gestão.

Exemplo de cronograma do projeto de implantação do escritório de processos com o detalhamento da etapa Definir processo de governança.

FASE	Etapa	Situação	Períodos
I	Planejar implantação da governança	Concluído	
I	Desenvolver projetos pilotos	Concluído	
I	Decisão de continuidade	Concluído	
II	Definir processo de governança	A iniciar	
II	Refinar Roadmap de implantação	A iniciar	
II	Definir responsabilidades	A iniciar	
II	Definir Fluxo operacional	A iniciar	
II	Definir instrumentos de apoio	A iniciar	
II	Definir integrações com as áreas organizacionais	A iniciar	
II	Definir arquitetura	A iniciar	
II	Definir componentes do portfólio de processos	A iniciar	
II	Definir métodos, técnicas e ferramentas	A iniciar	
II	Mapear portfólio de processos	A iniciar	
II	Gestão de mudança	Iniciado	

Figura 48

3.2.1.2. Definir responsabilidades

Esta atividade define a composição inicial da equipe do escritório de processos. Apesar de já haver uma equipe constituída, responsável por gerir as atividades da Fase I, incluindo a execução e a avaliação dos pilotos, é importante revisar a composição da equipe, pois ela terá agora uma função definitiva e específica no organograma da empresa. É necessário também descrever formalmente os objetivos e as reponsabilidades dessa nova unidade.

Responsabilidades do escritório de processos

- Ser o gestor e guardião da governança de processos, composta de regras, responsabilidades, procedimentos e conhecimentos sobre métodos, técnicas e ferramentas.
- Ser um agente de transformação e incentivar as melhores práticas de gestão de processos, disseminando-as através de ações de comunicação e capacitação.
- Ser o agente operacionalizador da governança de processos conduzindo comitês, reuniões de captura e entendimento de demandas e alinhamento de expectativas com as demais áreas da organização.

- Ser o gestor do portfólio de processos da organização, monitorando-o de forma sistemática através de vários atributos como métricas de desempenho, grau de risco, impacto e documentação.
- Alinhar as estratégias organizacionais através do portfólio de processos e iniciativas.
- Ser o agente facilitador e integrador das diversas áreas organizacionais no que tange à gestão de processos.

Além da equipe do escritório de processos, é necessário definir e formalizar as responsabilidades do comitê operacional de processos e do comitê executivo, que deverão tomar as decisões em relação à gestão do portfólio e em relação às propostas apresentadas de melhoria e inovação.

Essa governança é importante para garantir a transparência e o alinhamento entre as iniciativas aprovadas pelos comitês com outras prioridades da organização.

Responsabilidades do comitê operacional de processos

- Avaliar e decidir sobre as iniciativas propostas no comitê.
- Garantir que as iniciativas propostas estejam alinhadas com os demais projetos da organização, sem existência de conflitos.
- Resolver conflitos entre projetos.
- Acompanhar sistematicamente o portfólio de processos e o orçamento.
- Acompanhar sistematicamente o desempenho do portfólio de processos e das iniciativas propostas.

Componentes:

- Superintendentes e gerentes das unidades organizacionais funcionais e demais áreas corporativas e representantes do escritório de processos.

Responsabilidades do comitê executivo

- Municiar o escritório de processos e demais membros participantes com as estratégias definidas pela alta administração.

- Garantir que essas estratégias sejam operacionalizadas através da execução dos processos organizacionais e de iniciativas de melhoria e inovação.
- Resolver conflitos e avaliar pendências não tratadas pelo comitê operacional de processos.
- Avaliar e aprovar a governança de processos.
- Aprovar orçamentos para as iniciativas de processos.
- Acompanhar sistematicamente o desempenho do portfólio de processos e das iniciativas propostas.

Componentes:

- CEO, principais executivos de unidades organizacionais (incluindo *compliance*, auditoria, controladoria, TI e escritório de projetos) e representantes do escritório de processos.
- O comitê executivo deve ser único e sua mobilização pode eventualmente ser compartilhada com outras formas de governança e unidades da organização, como por exemplo o escritório de projetos.

3.2.1.3. Definir fluxo operacional

O fluxo operacional descreve como o processo de governança deverá funcionar.

As áreas funcionais e demais áreas corporativas identificam continuamente oportunidades como melhorias incrementais, inovações ou não conformidades nos processos organizacionais.

Essas demandas ainda se encontram em seu estado bruto e precisam ser classificadas, refinadas, avaliadas e consolidadas antes de serem submetidas ao comitê, seja ele operacional de processos ou executivo. Essas atividades são de responsabilidade do escritório de processos, bem como o fornecimento de todo o suporte e orientação às áreas internas.

Exemplo de formulário de captura de demandas:

SOLICITAÇÃO DE DEMANDA			COD ( )
Data		Área	
Nome do solicitante			
Nome do receptor			
Tipo	( ) Não conformidade ( ) Redução de custo ( ) Melhoria ( ) Inovação ( ) Legislação		
Parceiros	( ) TI ( ) Auditoria ( ) PMO ( ) Áreas funcionais:		
Objetivo			
Descrição			
Custo estimado		Orçamento	( ) SIM ( ) NÃO
Benefício quantitativo			
Benefício qualitativo			

Figura 49

Estabelece-se inicialmente um procedimento de captura de demandas das áreas internas de forma sistemática. Aqui, é importante desenvolver um formulário padrão para o registro da solicitação e dos custos e benefícios preliminares. Esse procedimento de captura deve ser combinado e aprovado pelas áreas organizacionais e descrito no documento de governança de processos.

Exemplo do fluxo de captura e consolidação de oportunidades:

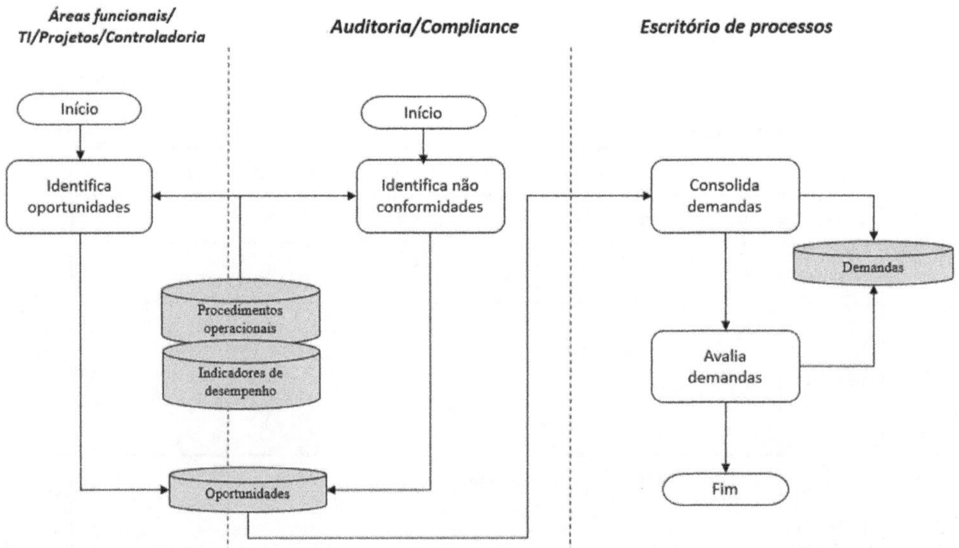

Figura 50

Após a captura e consolidação das demandas previamente à execução do comitê operacional de processos, é necessário efetuar a pré-seleção das melhores oportunidades e a preparação e o refinamento de cada uma delas.

Essa atividade consiste no controle de qualidade da descrição da proposta e principalmente no cálculo dos benefícios qualitativos e financeiros. Finalizada a tarefa, providencia-se o agendamento das propostas sob a forma de apresentações sumárias para a discussão e avaliação no comitê.

Cabe ao comitê operacional de processos avaliar as propostas selecionadas e, com base na limitação orçamentária, estratégias organizacionais e análise de custo-benefício de cada uma delas, efetuar a aprovação. Nesse caso, o escritório de processos coordena a execução do comitê e fornece as informações necessárias e suficientes para a tomada de decisão.

As decisões e/ou conflitos não finalizados no comitê operacional de processos devem ser levados para a decisão do comitê executivo. O processo de preparação e execução é semelhante ao do comitê operacional. O comitê executivo pode se reunir sistematicamente, mas com uma frequência menor ou ser convocado em sessão extraordinária.

Propostas aprovadas, dependendo de seu porte e impacto, podem eventualmente ser acompanhadas por uma equipe de gestão de projetos específica.

Exemplo de fluxo geral de governança:

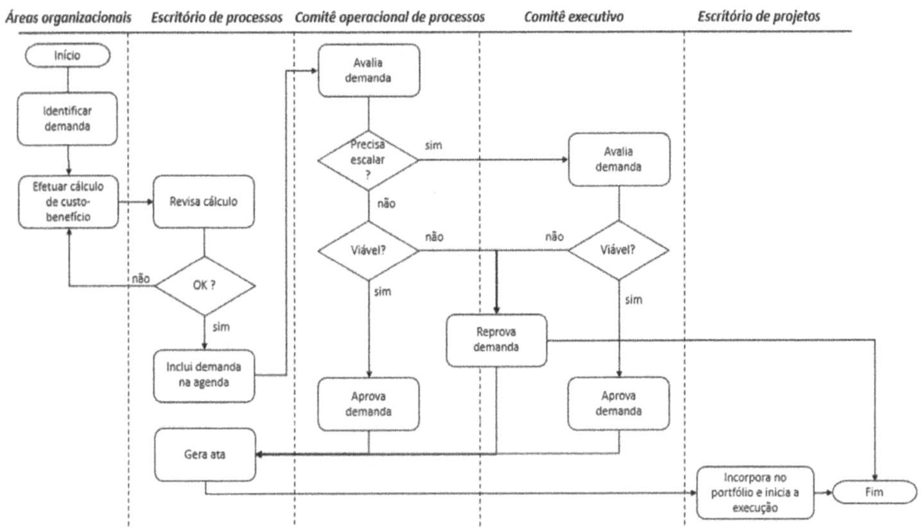

Figura 51

3.2.1.4. Instrumentos de apoio

Cabe ao escritório de processos efetuar toda a consolidação, preparação e agendamento das propostas junto aos respectivos gestores que serão apresentados nos comitês.

Sugere-se sempre uma apresentação padronizada (uso de *template*) desenvolvida pelo escritório de processos para facilitar e agilizar a análise da proposta.

A ata de reunião é um registro de todos os itens discutidos. É utilizada para formalizar a execução ou não das propostas apresentadas nos comitês.

Um colaborador devidamente capacitado e treinado do escritório de processos registra as informações durante a reunião e elabora a ata. O responsável pelo escritório de processos revisa a ata e distribui para todos os participantes em um prazo já definido, de acordo com as regras de governança.

3.2.1.5. A integração com as áreas organizacionais

A integração com a área de gestão de projetos

O escritório de processos pode se integrar com o escritório de projetos.

Sua integração pode ocorrer quando as ações são aprovadas pelos comitês operacional de processos ou executivo. Dependendo da importância e do porte da iniciativa, ela pode fazer parte do portfólio de projetos e ser monitorada por esta área específica.

Verifica-se que o processo de gestão de um portfólio de processos é bem semelhante ao do portfólio de projetos. Porém, o objeto de análise é o processo, e os instrumentos utilizados na sua gestão são distintos.

As responsabilidades são bem estabelecidas, definindo uma clara fronteira de atuação. Contudo, essa fronteira deve ser permeável e transparente, de modo obter o máximo de sinergia dessa relação, resultando em aumento de performance e competitividade da organização, através de planejamento, priorização, execução e monitoração das ações em conjunto.

Um dos clientes do escritório de processos é o próprio escritório de projetos, além das demais áreas da organização, incluindo funcionais e também a alta administração.

A figura mostra as atividades de processos que podem ser compartilhadas com o escritório de projetos.

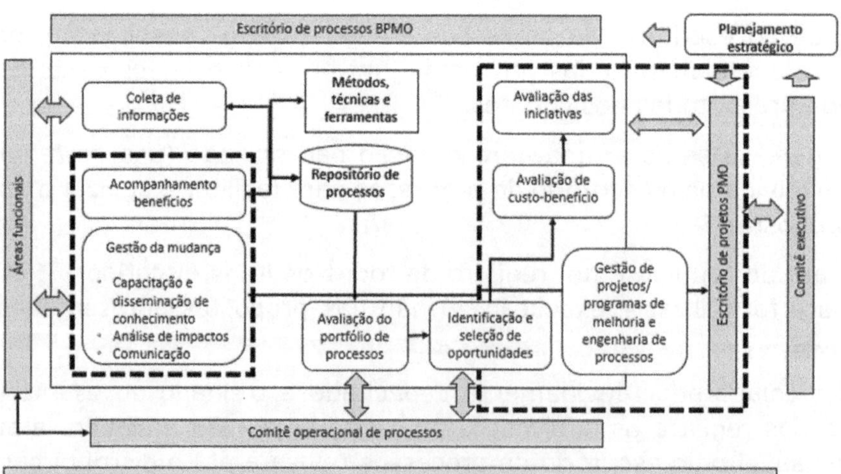

Figura 52

As competências do escritório de projetos e do escritório de processos são distintas, porém complementares, uma vez que os profissionais ligados a este último devem ter suas competências vinculadas a métodos, técnicas e ferramentas relacionadas à gestão da qualidade e à otimização da operação.

A integração com as áreas funcionais

As áreas funcionais são as principais demandantes do escritório de processos. As áreas comercial, de logística, de compras, financeira, de contabilidade, de controladoria, fiscal e de operações suprem o escritório de processos com demandas vinculadas à necessidade de aumento de produtividade, redução de custos, aumento de qualidade, novos produtos e serviços, além de eventualmente assumirem o papel de parceiras na condução de projetos.

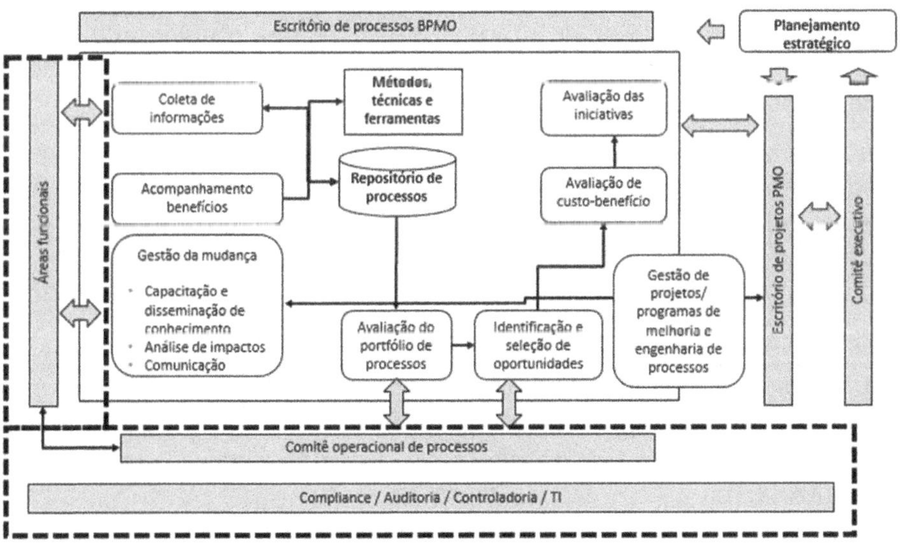

Figura 53

As ações em comum são operacionalizadas através de projetos compartilhados com o escritório de processos, que informa as regras de governança. Os gestores de ambas as áreas combinam a estratégia da sinergia e o compartilhamento de informações.

A integração pode ocorrer nas reuniões de trabalho para acompanhamento de projetos e identificação de novas demandas e também nos comitês operacionais de processos.

Vale destacar que algumas das ferramentas são as mesmas utilizadas pelo escritório de processos, como por exemplo as ferramentas de mapeamento, documentação e repositório de procedimentos.

É desejável que os colaboradores do escritório de processos conheçam as atividades das suas áreas clientes. Porém, o fato de o analista possuir pouco conhecimento sobre a área não é um impeditivo para realizar um diagnóstico ou uma ação de melhoria. Pelo contrário: muitas vezes ele pode assumir uma postura mais alerta e crítica na condução dos trabalhos.

A integração com TI

Uma outra parceira importante do escritório de processos é a área de TI. Esta pode eventualmente ser demandante e pode também assumir o papel de parceiro na condução de projetos compartilhados.

Da mesma forma que nas parcerias com as áreas funcionais, os gestores de ambas as áreas combinam a estratégia de sinergia e compartilhamento de informações. A integração ocorre nas reuniões de trabalho para acompanhamento de projetos, identificação de novas demandas e também nos comitês operacionais de processos.

Da mesma forma, algumas das ferramentas utilizadas pela área de TI são comuns com as utilizadas pelo escritório de processos, como por exemplo as ferramentas de mapeamento, de documentação e repositório de procedimentos. Esse repositório é atualizado automaticamente, fornecendo informações de processos para todas as áreas da organização.

A integração com a área de orçamento e controladoria

As iniciativas (ações de melhoria e inovação em processos), uma vez aprovadas pelos comitês sob o ponto de vista técnico, de viabilidade e de retorno financeiro, também precisam obedecer a uma restrição orçamentária.

Se o orçamento for ultrapassado em decorrência da aprovação de alguma iniciativa, será necessário um comitê adicional para a sua avaliação e aprovação.

Se a ação tiver sido aprovada antes da finalização do orçamento, o valor orçado para este projeto já pode ter sido reservado, facilitando e agilizando a sua aprovação.

É necessário que o orçamento seja permanentemente monitorado e atualizado. Dessa forma, a visão orçamentária e o fluxo de desembolsos podem ser compartilhados com ambos os escritórios: de projetos e de processos.

Os gestores de ambas as áreas devem trocar informações com frequência, pelo menos na mesma proporção em que ocorrem os comitês operacionais de processos, para se manterem sempre atualizados. A integração pode ocorrer durante as reuniões formais mensais entre o escritório de processos, o escritório de projetos e a controladoria, onde são repassadas as informações de andamento dos projetos e a utilização do orçamento.

Integração com a auditoria e *compliance*

A auditoria e *compliance* podem atuar em planejamento e garantia da qualidade, onde as atividades das áreas organizacionais são avaliadas quanto ao cumprimento das entregas e aos procedimentos previamente acordados. Na prática, é importante informar as áreas de forma tempestiva que seus processos são monitorados em uma avaliação contínua de desempenho e cumprimento da entrega acordada. A auditoria também atua em atividades de detecção após a não conformidade ter ocorrido.

Benefícios:

- Assegurar que os procedimentos estejam sendo cumpridos.
- Efetuar avaliação contínua de desempenho.
- Garantir que os resultados e as entregas estejam de acordo com o combinado com clientes internos e externos.
- Atuar no planejamento de ações preventivas, de controle e detecção.
- Encaminhar e conduzir ações de solução de não conformidades.

As áreas de auditoria e *compliance* podem ser demandantes do escritório de processos e também assumir o papel de parceiros na condução de projetos compartilhados, como, por exemplo, na solução de não conformidades e na implantação de melhorias em processos.

Os gestores devem combinar a estratégia de sinergia e compartilhamento de informações na qual o escritório de processos informa as regras de governança. A integração pode ocorrer nas reuniões de trabalho formais para o acompanhamento de projetos comuns e na avaliação de riscos operacionais e não conformidades de processos, onde ocorre a identificação de novas demandas. A integração também pode ocorrer durante os comitês operacionais de processos.

Algumas das ferramentas utilizadas pelas áreas de *compliance* e auditoria são comuns com as utilizadas pelo escritório de processos, como, por exemplo, as ferramentas de mapeamento, de documentação e de repositório de procedimentos.

Deve-se efetuar um alinhamento no seu uso evitando retrabalho e sobreposição. O mesmo vale para a ferramenta de quantificação de risco operacional de processos. Esse item contribui com mais um atributo para compor o portfólio de processos. Uma ferramenta importante é o FMEA. Ele mapeia e quantifica os riscos operacionais, identificando oportunidades de melhoria.

Exemplo de fluxo com mapeamento de risco operacional com o apontamento de riscos operacionais (processo de entrega de pizza):

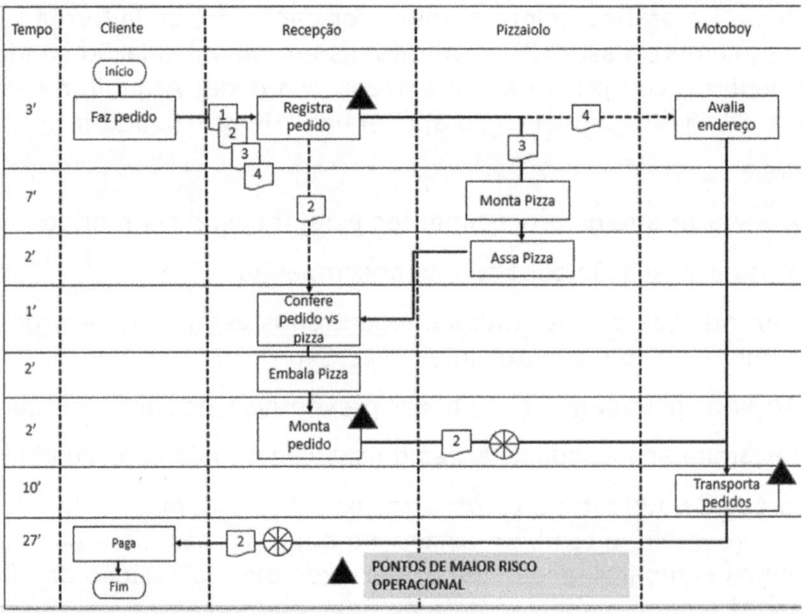

Figura 54

Neste exemplo, de posse do fluxo operacional, os riscos são apontados no próprio diagrama.

Esta é uma forma visual bastante interessante de apresentar os riscos operacionais.

De posse dos riscos operacionais, pode-se montar um quadro consolidando as informações de todos os fluxos operacionais. O quadro a seguir mostra o desdobramento dos riscos operacionais identificados no fluxograma anterior em ações de mitigação:

	Etapa do processo	Modo de Falha	Efeito da falha	Grau de severidade	Causas potenciais	Probabilidade de ocorrência	Controles atuais	Grau de detecção	IR	Ações recomedadas	Responsável
1	Registro do pedido	Registro do pedido errado	Cliente reclama e é feita uma nova pizza	Alta (10)	O pedido não é repetido para o cliente	Baixa (2)	Não há	Baixa (10)	200	Repetir verbalmente o pedido ao cliente	Atendente
2	Montagem da pizza	Pizzaiolo esquece de algum ingrediente	Cliente reclama e pode ser feita uma nova pizza	Alta (8)	Pizzaiolo não possui lista de ingredientes para pizzas menos pedidas	Média (6)	Não há	Média (5)	240	Pizzaiolo deve consultar a receita para pizzas menos pedidas	Pizzaiolo

Figura 55

No quadro consolidado, os riscos operacionais são acompanhados a partir das ações de mitigação relacionadas. Esse é um subsídio importante para a geração de novas demandas do escritório de processos.

As áreas de auditoria e *compliance*, além de possuírem a visão de portfólio, devem fornecer regularmente os apontamentos ou pelo menos uma pontuação ponderada por processo. O importante é o alinhamento entre analistas de processos e auditoria e *compliance*, para não haver esforços duplicados no levantamento e na identificação de oportunidades. Se possível, metas comuns a ambas as áreas devem ser estabelecidas.

3.2.2. Etapa Definir arquitetura

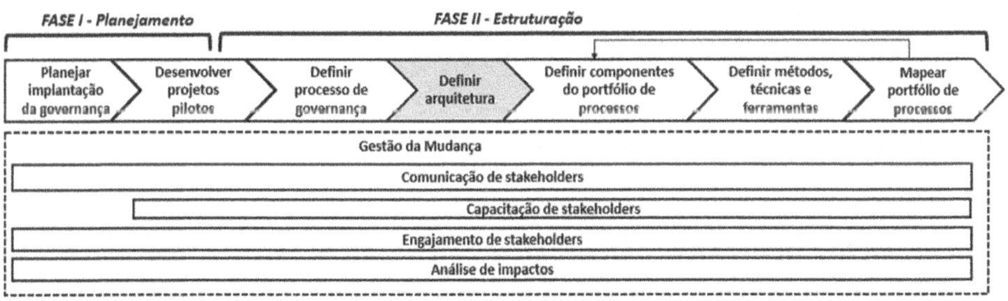

Figura 56

O objetivo desta etapa é definir a arquitetura de processos, a classificação, o agrupamento de processos e o seu nível de detalhe para controle. É uma condição muito importante para estruturar o portfólio de processos e as atividades de mapeamento. Se possível, execute esta etapa já com a participação de um especialista.

3.2.2.1. Classificar processos

Serão abordadas algumas classificações de processos.

***Process Classification Framework* (PCF)**

A estrutura PCF é um padrão estabelecido pela APQC (*American Productivity and Quality Center*) que classifica processos em operacionais, de gerência e de serviços de apoio. Essa classificação pode ser um ponto de partida importante para agrupar os processos, facilitando um mapeamento ou diagnóstico. É um instrumento importante para auxiliar a estruturação do portfólio de processos e parte de um negócio genérico, e deve ser customizado de acordo com cada organização.

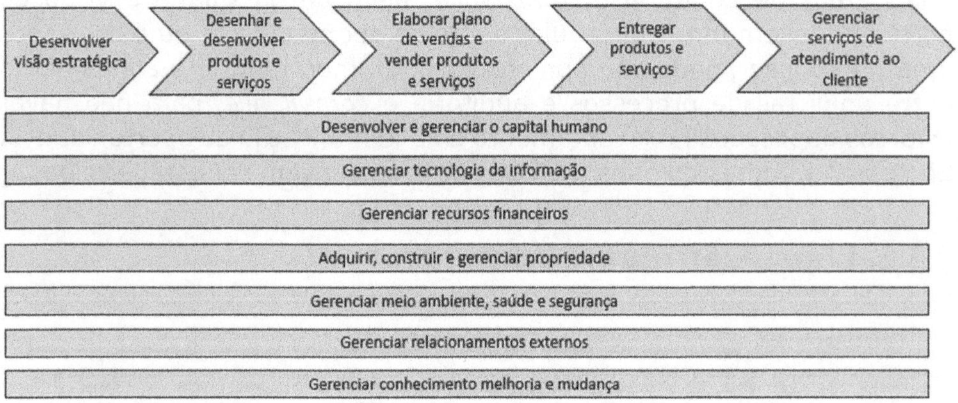

Figura 57[4]

O desafio é selecionar uma classificação que esteja alinhada com a estrutura da organização.

***Business Process Management* (BPM)**

O BPM adota a seguinte divisão para a estruturação de processos:

- **Processo:** aquilo que deve ser executado e composto por um conjunto de atividades.
- **Subprocesso:** uma subdivisão do processo e também um conjunto de atividades.
- **Atividade:** nível de detalhe abaixo de um processo ou subprocesso.
- **Tarefa:** é o menor nível de detalhe de uma atividade.

[4] Fonte: adaptado de APCQ (2015).

Existirão várias maneiras de classificar e agrupar os processos. A decisão é efetuar uma classificação que faça sentido para a empresa.

Dentro do conceito de BPM, sugere-se inicialmente efetuar um mapa de grandes processos da organização ou cadeia de valor. Dessa forma tem-se uma visualização geral do que se constitui o negócio.

Posteriormente, cada agrupamento macro poderá ser subdividido em processos que se interligam uns com os outros. Por sua vez, cada processo pode ser subdividido em atividades. O conjunto destas pode constituir-se em uma área funcional.

3.2.2.2. Agrupar funções e processos

A cadeia de valor

Uma cadeia de valor pode ser utilizada para representar um conjunto de processos agrupados e alinhados em uma sequência lógica. Ela mostra como os insumos da organização, através das diversas etapas, são transformados no produto ou serviço final que é endereçado ao cliente.

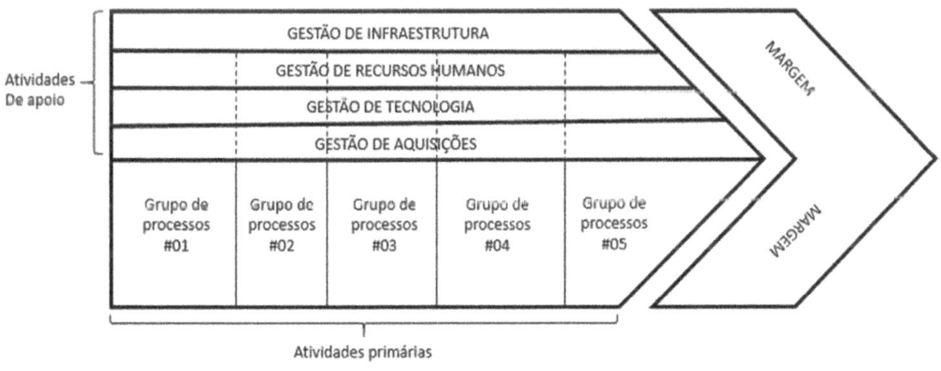

Figura 58[5]

Cada etapa pode ser um agrupamento de processos que agrega valor ao produto ou serviço em transformação ao longo de sua cadeia.

O modelo operacional

Após a classificação dos processos organizacionais, um instrumento que pode ser bastante útil no agrupamento e na visualização dos processos é o modelo operacional.

[5] Fonte: adaptado de Porter (1985).

Como visto anteriormente, o modelo operacional agrupa e relaciona atividades e processos de forma organizada e racional para uma representação visual do que é o negócio. Pode ser utilizado tanto para representar a situação atual (*AS IS*) como a futura (*TO BE*).

Exemplo de representação do modelo operacional:

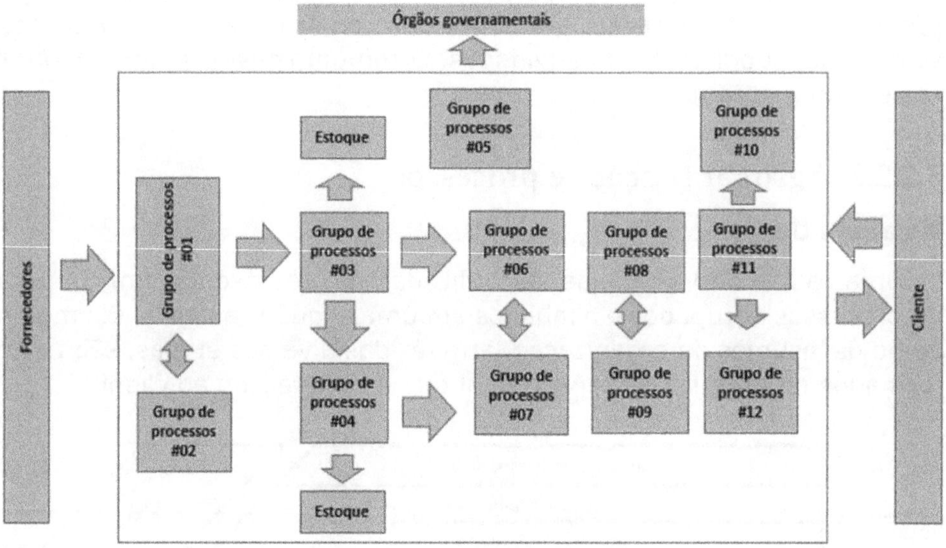

Figura 59

3.2.3. Etapa Definir componentes do portfólio de processos

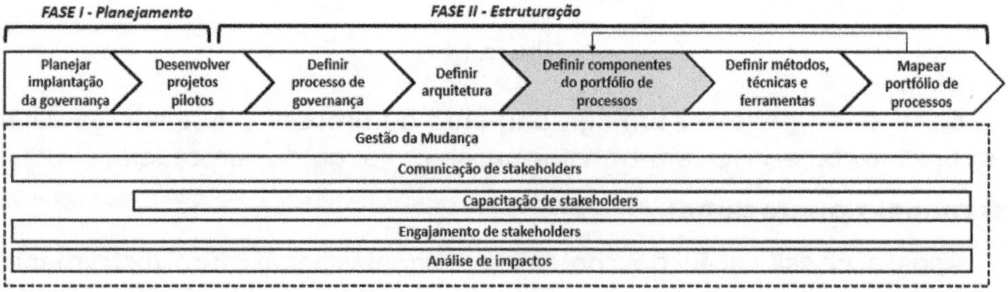

Figura 60

O objetivo desta etapa é definir quais atributos farão parte do portfólio de processos. Selecione a forma de classificação, o nível de detalhamento, o grau de maturidade e a importância ou impacto para o negócio, as métricas de desempenho, os riscos operacionais e os apontamentos de auditoria e acompanhamento de iniciativas.

O portfólio de processos é um conjunto de processos agrupados e classificados segundo critérios definidos com o objetivo de facilitar a sua gestão e a sua otimização. Além da sua identificação, contém uma série de atributos que complementam o entendimento da situação geral dos processos que facilitam a sua gestão e ao mesmo tempo a identificação de oportunidades de melhoria ou inovação.

A seguir são apresentados alguns atributos para a estruturação de um portfólio de processos:

Classificação e nível de detalhamento:

- Identificação do componente (nome, descrição).
- Classificação e nível do componente (operação, macroprocesso, processo, atividade, tarefa).

Grau de controle:

- Nível de controle de documentação.
- Existência de monitoramento do processo (indicador de desempenho).

Grau de importância:

- Grau de impacto no negócio.
- Grau de risco.
- Grau de alinhamento com a estratégia atual.

Avaliação de desempenho:

- Indicador de desempenho (em relação à meta).
- Existência de apontamentos da auditoria e *compliance*.

Acompanhamento de iniciativas de melhoria ou inovação:

- Status das iniciativas.
- Valor do benefício (caso existam ações em andamento).

Exemplo de portfólio de processos e seus componentes:

Nível	Componente	Controle		Importância			Desempenho		Iniciativa	
		Documentação	Controles	Impacto	Risco	Alinhamento	Indicador	Apontamentos	Status	VI Benefício
Operação	Pagamento de fornecedores	○	●	◐	◐	○				
Macroprocesso	Cadastro de fornecedores	○	○	○	○	○				
Processo	Qualificação do fornecedor	○	◐	◐	◐	○				
Processo	Alteração de cadastro	◐	●	◐	◐	●				
Processo	Relacionamento	○	○	○	○	◐				
Macroprocesso	Agendamento pagamento	○	●	◐	◐	●				
Processo	Registro e contabilização de pagamento	○	◐	◐	◐	◐				
Processo	Finalização do pagamento	◐	○	◐	◐	●				

● ALTO ◐ Médio ○ Baixo

Figura 61

Grau de maturidade

O grau de maturidade é resultante de atributos que revelam o estágio em que um determinado processo se encontra. Pode partir de um processo não estruturado do tipo informal até chegar a um processo otimizado.

Podem compor a avaliação de maturidade: a existência de controles através de indicadores, a existência de apontamentos de auditoria e não conformidades e o seu grau de desempenho.

Exemplo de evolução de maturidade de processos:

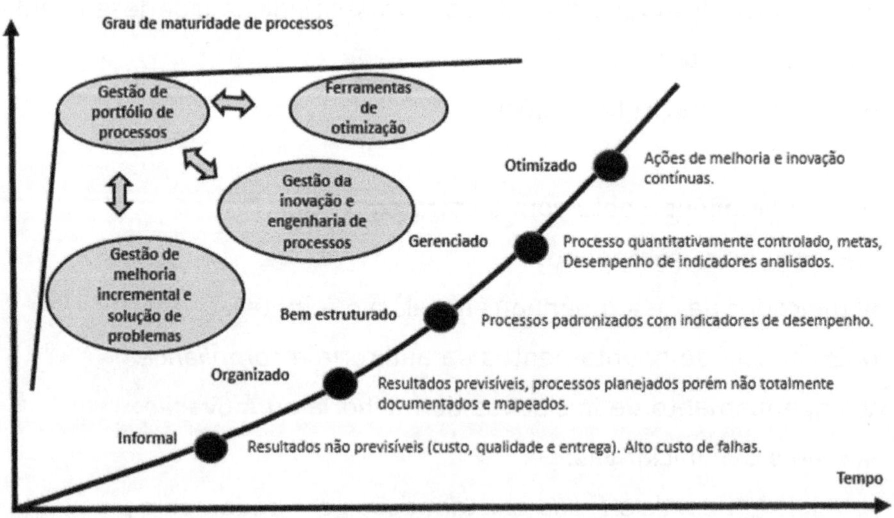

Figura 62[6]

[6] Fonte: adaptado de Siqueira (2015).

Grau de risco

O grau de risco pode ser obtido diretamente pelo índice de risco da ferramenta FMEA (*Failure Mode and Effect Analysis*) multiplicando-se os fatores de grau de severidade, probabilidade de ocorrência e grau de detecção.

Grau de importância

O grau de importância avalia o impacto de determinado processo sobre o negócio da organização. As variáveis custo, receita, risco e alinhamento com as atuais estratégias de negócio podem contribuir para a avaliação conjunta do impacto.

Exemplo de uma matriz de avaliação de impacto de processos:

Critérios de desempenho	Peso	Processo 1			Processo 2			Processo 3		
		Indicador A	Indicador B	Indicador C	Indicador A	Indicador B	Indicador C	Indicador A	Indicador B	Indicador C
Custo operacional	40	L	L	L	H	H	H	M	M	M
Faturamento	20	L	L	L	L	L	L	M	M	M
Risco operacional	10	M	M	M	H	H	H	L	L	L
Qualidade	20	M	M	M	L	L	L	L	L	L
Atendimento	10	H	H	H	M	M	M	M	M	M
Total	100	800	800	800	1300	1300	1300	850	850	850

Figura 63

Nesse caso, os indicadores de processos foram relacionados com critérios de desempenho importantes para o negócio como custo operacional, faturamento, risco operacional, qualidade e atendimento. Depois é feita uma ponderação pela força do relacionamento entre indicador de desempenho de processos *versus* critérios de desempenho *(L)ow* = 5 pontos, *(M)edium* = 10 pontos e *(H)igh* = 20 pontos. Verifica-se que o processo 2 é o que possui maior impacto, pois todos os seus três indicadores apontam alto grau de relacionamento com os critérios de desempenho organizacionais.

Métricas de desempenho dos processos

O objetivo é desenvolver as métricas de desempenho de processos selecionando indicadores adequados e seus respectivos atributos. Os indicadores podem ser classificados em de eficácia (resultado) e de eficiência (direcionador).

Uma vez definida uma arquitetura resultante da classificação e do agrupamento de processos e posteriormente definidos um portfólio e seus atributos, é importante estabelecer um sistema de avaliação de desempenho dos processos composto por métricas (indicadores), metas e faixas de tolerância.

Os indicadores devem ser monitorados de forma compartilhada entre o escritório de processos e pelos gestores e donos do processo, pois estes são os responsáveis pela obtenção dos seus valores.

Quadro exemplo de indicadores de processos:

Indicadores									
Macroprocesso	Cód	Nome	Descrição	Unidade	Responsável	Meta	Faixa toler.	Sistema controle	Fonte
Hospedagem	1	Taxa de ocupação	Quantidade de leitos vendidos / quantidade de leitos disponíveis no mês	Número puro	Gerente de Hospedagem	70%	10%	Sistema de hospedagem e reservas	Sistema de hospedagem e reservas
Alimentação	2	Taxa de perdas	Quantidade de alimentos processados e não aproveitados por semana	Kg	Gerente de alimentação	20%	5%	Sistema de controle de estoque	Cozinha
Abastecimento	3	Taxa de consumo de água	Quantidade mensal de consumo de água	M3	Gerente de Compras	300 Mil litros / mês		Manual	Administração (conta de água)

Figura 64

Para cada macroprocesso podem existir indicadores cujos atributos são:

- Identificação do macroprocesso.
- Código, descrição e unidade de medida do indicador.
- Responsável pela sua medição.
- Meta e faixa de tolerância do indicador.
- Controle manual ou automatizado.
- Fonte para captura dos valores do indicador.

Acompanhamento de iniciativas

Quando existem propostas de melhoria ou inovação relacionadas a processos, estas são também inseridas e acompanhadas pelo portfólio de processos para uma visão unificada do que ocorre.

Normalmente as iniciativas possuem descrição, objetivo, área responsável, status e valor preliminar do benefício líquido. Se já estiver em execução, é importante incluir um controle de data de início e término planejados e real.

ID	Nome	Descrição	Responsável	Status	Valor do Benefício

Figura 65

3.2.4. Etapa Definir métodos, técnicas e ferramentas – Abordagens para projetos de processos

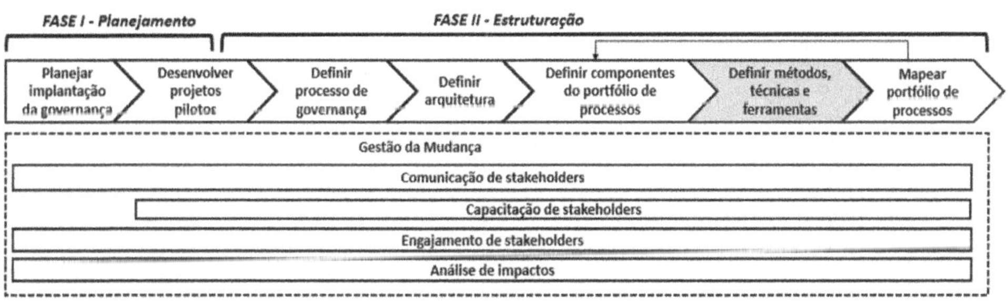

Figura 66

O objetivo desta etapa é selecionar métodos, técnicas e ferramentas que auxiliam a gestão do portfólio de processos. Os principais benefícios são:

- Direcionar a forma de tratamento das iniciativas de processos.
- Gerar insumos para o plano de capacitação dos colaboradores do escritório de processos e demais colaboradores da organização.
- Adicionar uma nova visão de portfólio de processos na avaliação de iniciativas por tipo de método ou abordagem.

- Facilitar o planejamento e a alocação dos colaboradores por tipo de especialidade de acordo com a abordagem ou o método selecionado para tratar a iniciativa.

Definições:

- **Método:** um conjunto de atividades inter-relacionadas para atingir um determinado objetivo.
- **Técnica:** um conjunto de conhecimentos específicos para solucionar um determinado tipo de problema.
- **Ferramenta:** a operacionalização de um método ou técnica sob a forma de um sistema automatizado.

3.2.4.1. Métodos

Para a operacionalização das ações definidas e aprovadas pelos comitês operacional de processos ou executivo, o escritório de processos pode enfrentar dois tipos de situações.

A primeira situação se dá com a implantação de uma inovação através de uma mudança radical nos processos. Por exemplo, redesenhar processos, criar novos produtos e serviços ou substituir um sistema de informações por outro mais moderno.

Esse tipo de transformação tem um forte impacto no modo de trabalho dos colaboradores. Esse tipo de abordagem é denominado de BPE (*Business Process Engineering*) ou *Kaikaku*. Existe uma outra abordagem de redesenho de processos que enfoca também uma transformação, mas de forma menos radical, e parte de um processo já existente. Ela será incluída na abordagem de inovação.

A segunda situação ocorre através da implantação de uma melhoria incremental, onde não há muitos custos incorridos. Esse tipo de abordagem é denominado BPI (*Business Process Improvement*) ou *Kaizen*.

O quadro mostra as diferenças entre as abordagens de melhoria incremental e de engenharia/inovação de processos.

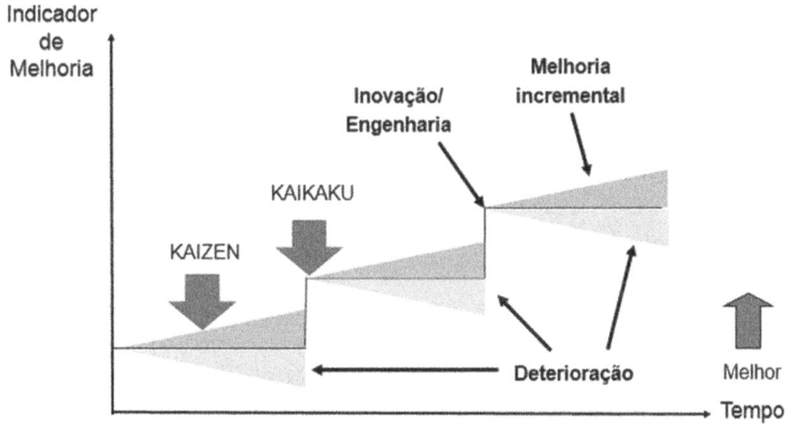

Figura 67

Durante a aplicação do *framework* para a estruturação do escritório de processos, a equipe deverá decidir inicialmente quais abordagens irá utilizar na identificação e condução das iniciativas de processos.

Pode-se adotar apenas a abordagem de melhoria contínua ou apenas focar nas mudanças mais radicais. Essa estratégia dependerá do grau de especialização da equipe e do nível de maturidade da organização.

Pode-se também fazer uso das duas abordagens. Por exemplo, utilizar o método de melhoria incremental (*Kaizen*) para ações de menor complexidade e que requerem um menor esforço e outro de engenharia e redesenho de processos para ações, por exemplo, de inovação (*Kaikaku*) e que requerem um esforço maior e provoquem uma transformação de maior impacto. Nesse contexto, não é esperado que o prazo de desenho e implantação de melhorias incrementais ultrapasse dois meses.

Uma ação de menor monta deveria ser alocada para um mesmo analista que atue em um projeto mais complexo? A resposta para esse tipo de questão dependerá do grau de capacitação e especialização da equipe de processos e de algum outro critério como possuir objetivos semelhantes, clientes ou funcionalidades comuns.

O portfólio de processos utiliza essa classificação de abordagens para agrupar e visualizar as iniciativas. Além disso, a forma como os benefícios são avaliados e agrupados, o prazo de execução, o orçamento e o esforço alocado das equipes também são afetados pelos tipos de abordagens.

Para maiores detalhes dos métodos vide Anexo 1 BPI (*Business Process Improvement*) e Anexo 2 BPE (*Business Process Engineering*).

O método Seis Sigma

O método Seis Sigma na verdade é um conjunto de técnicas que objetiva a redução de custo de processos ou produtos pela redução de variabilidade de seus componentes.

O método é calcado no processo DMAIC (*Define, Measure, Analyze, Improve and Control*), que é semelhante ao *Business Process Improvement,* descrito no Anexo 1. Para maiores detalhes deste método, leia o Anexo 3 - Método Seis Sigma.

A teoria das restrições

A teoria das restrições basicamente procura identificar um gargalo (ou restrição) de um sistema e eliminá-lo.

Vejamos um exemplo de sua aplicação em uma visão conjunta dos processos P1 e P2:

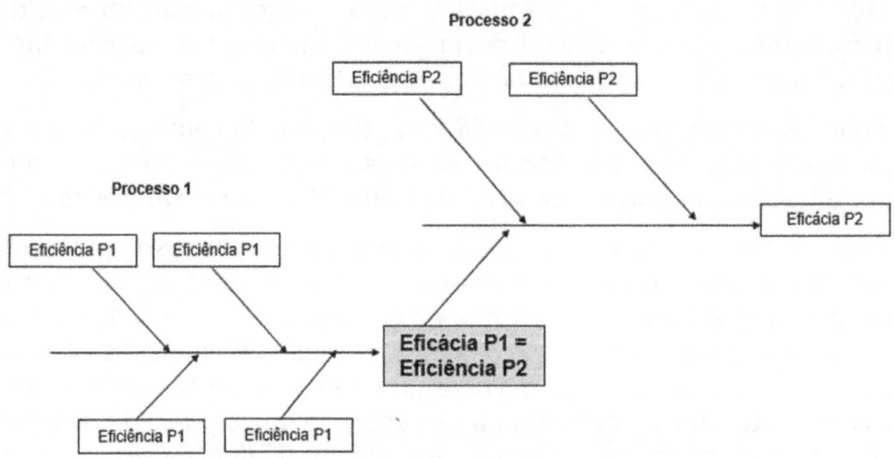

Figura 68

Analisando o relacionamento entre eficácia e eficiência, vemos pela figura anterior que a eficácia de P1 é igual à eficiência de P2. Isso quer dizer que a saída (ou efeito) de um processo pode ser a entrada (ou causa) de um outro.

Este é um ponto bastante importante. Muitas vezes, por mais que se aumente a eficácia do processo P1, se esta não for uma entrada gargalo do processo P2, essa melhoria não valerá a pena ser feita, pois a eficácia final de P2 não será afetada.

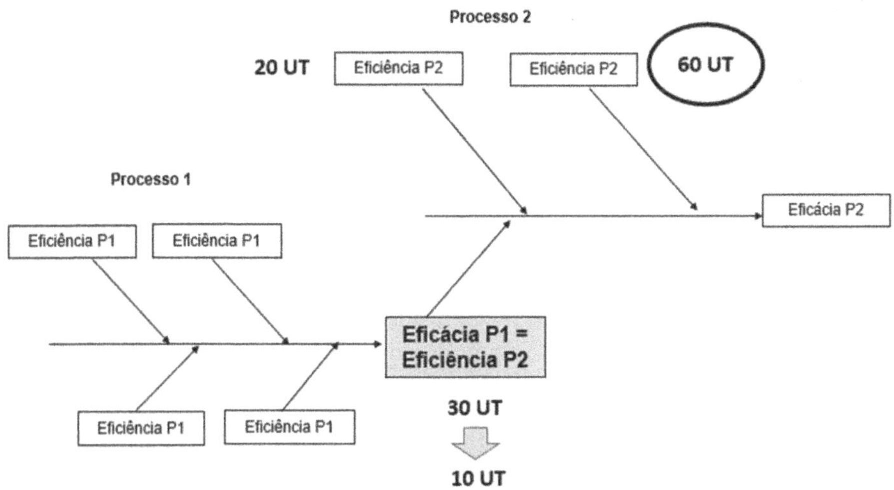

Figura 69

Adicionando números ao exemplo:

Suponha que exista uma proposta de melhoria para reduzir o tempo de execução (eficácia) de P1 que atualmente é de 30 unidades de tempo (UT). Seria uma boa ideia se conseguíssemos reduzir esse tempo de 30 UT para 10 UT?

Aparentemente sim, mas vejamos: a eficácia de P2 que o cliente efetivamente enxerga é determinado pelo maior tempo de eficiência em P2, que é de 60 UT.

Dessa forma, por mais que se melhore a eficácia de P1, como essa atividade não é gargalo, não afetará em nada a eficácia de P2, que continuará a entregar em 60 UT.

Portanto, deve-se atacar primeiro as causas da eficiência no próprio processo P2 (exemplo: 60 UT). Nesse caso, não seria uma boa ideia iniciar a melhoria pelo processo P1.

Em resumo, se a atividade ou processo alvo não fizer parte do caminho crítico que chega até o cliente, a melhoria não terá eficácia nenhuma para o sistema de processos como um todo.

Atividades ou processos gargalos são candidatos a uma avaliação mais detalhada em um portfólio de processos.

O sistema de qualidade ISO 9000

Outro importante instrumento para identificar oportunidades de melhoria é a avaliação contínua dos processos através do sistema de qualidade ISO 9000. Ele é um excelente instrumento para apontar possíveis não conformidades em processos, e a sua utilização aumenta o grau de maturidade da organização.

ISO é a abreviatura de *International Organization for Standardization*, uma organização não governamental com sede na Suíça. Sua missão é "promover o desenvolvimento da formalização visando facilitar as transações internacionais de produtos e serviços".

O que é:

- Série de normas que fornece conceitos e orientações para o gerenciamento da qualidade de uma organização.
- O gerenciamento da qualidade baseado na série ISO 9000 é tipicamente o gerenciamento baseado na normalização.

O que não é:

- Norma de produto.
- Não inclui requisitos técnicos.

Pontos fortes:

- As normas são fonte de treinamento para novos funcionários.
- É uma fonte de difusão do conhecimento e elimina a propriedade individual.
- Cria uma estrutura organizada para os atendimentos aos requisitos estabelecidos pelo cliente e pelo mercado.
- Propicia confiança aos clientes de que suas solicitações serão analisadas antes de serem aceitas.
- Diminui o questionamento de clientes.
- Melhora a imagem institucional.

Pontos fracos:

- Norma ISO não resulta necessariamente em qualidade.
- Pode ocorrer engessamento da estrutura.
- Pode ocorrer excesso de documentação.
- Desgaste nos processos de auditoria.

Cuidados com a normalização:

- Não é aconselhável a sua execução por pessoas não familiarizadas com a situação real.
- A existência de normas não substitui a necessidade de as pessoas pensarem.
- Não tente normalizar todas as atividades.
- Revise sempre.

3.2.4.2. Técnicas

O objetivo desta atividade é identificar e descrever as técnicas mais comuns a serem utilizadas nas etapas dos métodos ou abordagens adotadas.

Cada método possui etapas que requerem muitas vezes técnicas específicas. Por outro lado, existem muitas técnicas que servem a diversas etapas e métodos.

Por exemplo, tem-se o diagrama de causa e efeito ou diagrama de Ishikawa. Ele é basicamente utilizado para o mapeamento de causas potenciais de problemas e pode ser utilizado tanto para ações de melhoria contínua como de engenharia e redesenho de processos. Além disso, ainda pode ser utilizado para representar processos.

Não se pode estabelecer uma regra geral ou um esquema rígido de amarração de técnicas para cada etapa dos métodos. Porém, existem algumas técnicas que são bastante utilizadas, como o gráfico de Pareto, histogramas e gráficos sequenciais.

Durante um projeto de melhoria incremental, redesenho ou de engenharia, utilizamos várias dessas técnicas, que dependem das necessidades de cada etapa. O desafio é saber selecioná-las da melhor forma, conhecendo primordialmente o seu objetivo e a sua forma de aplicação. Sugerimos um agrupamento de técnicas a seguir de acordo com cada atividade-fim:

Planejamento

- Termo de abertura de projeto
- EAP (estrutura analítica de projeto)
- Cronograma
- Método do caminho crítico

- Gerenciamento pelas diretrizes (*Hoshin Kanri*)

Identificação e mapeamento do problema

- Gráfico de Pareto
- Estatística descritiva
- Gráfico de sequência
- Engenharia e análise de valor
- CEP (Controle Estatístico de Processo)
- Teoria das restrições
- FMEA (*Failure Mode and Effect Analysis*)
- Cálculo do benefício e custo preliminar

Mapeamento de processos

- BMPN (*Business Process Management Notation*)
- Cadeia de valor
- Fluxograma
- IDEF0
- EPC (*Event Process Chain*)
- VSM (*Value Stream Mapping*)
- SIPOC (*Supplier, Input, Process, Output, Client*)
- Gráfico de Pareto

Identificação e mapeamento de causas

- Diagrama de causa e efeito
- Estatística inferencial (testes de hipóteses)
- Correlação e regressão
- FTA (*Failure Tree Analysis*)
- Cinco por quês

Identificação de riscos operacionais

- FMEA (*Failure Mode and Effect Analysis*)
- Fluxograma

Planejamento de ações/Implantação

- 5W2H
- Matriz de esforço/impacto
- Matriz de capacitação, comunicação e engajamento
- Matriz de análise de impacto
- Avaliação de investimentos (benefícios)
  - » VPL (Valor Presente Líquido)
  - » TIR (Taxa Interna de Retorno)
  - » *Payback* simples/descontado

Pós-implantação

- Gestão da mudança

Enfatiza-se que nem todas as técnicas precisam ser utilizadas. Deve-se evitar a burocracia na sua utilização empregando-as somente para gerar uma entrega útil e que faça sentido para a atividade.

Técnicas de mapeamento

IDEF0

O padrão IDEF0 (*Icam*[7] *Definition for Function Modelling*), criado inicialmente pela força aérea americana, trabalha com a decomposição sucessiva de funções de negócio.

Representação gráfica:

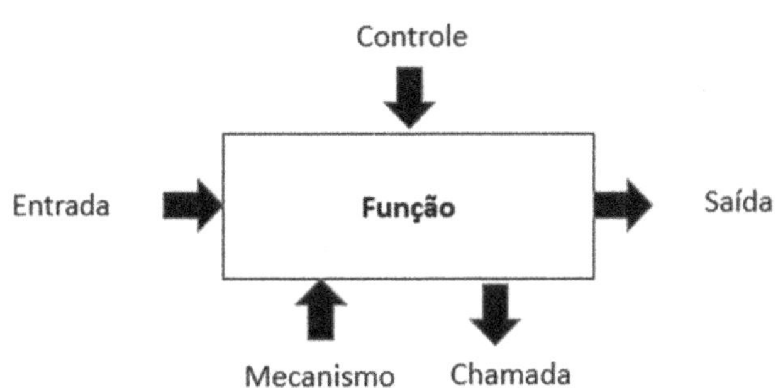

Figura 70

[7] *Integrated Computing Aided Manufacturing.*

Ele possui os seguintes elementos:

- **Entrada:** informações necessárias para executar a função de negócio.
- **Saída:** informações produzidas pela função de negócio.
- **Controle:** regras de negócio.
- **Mecanismo:** recursos necessários.
- **Chamada:** interligação com outros sistemas.

As funções se interligam umas com as outras através de entradas, saídas, chamadas e compartilhando controles e mecanismos. Exemplo:

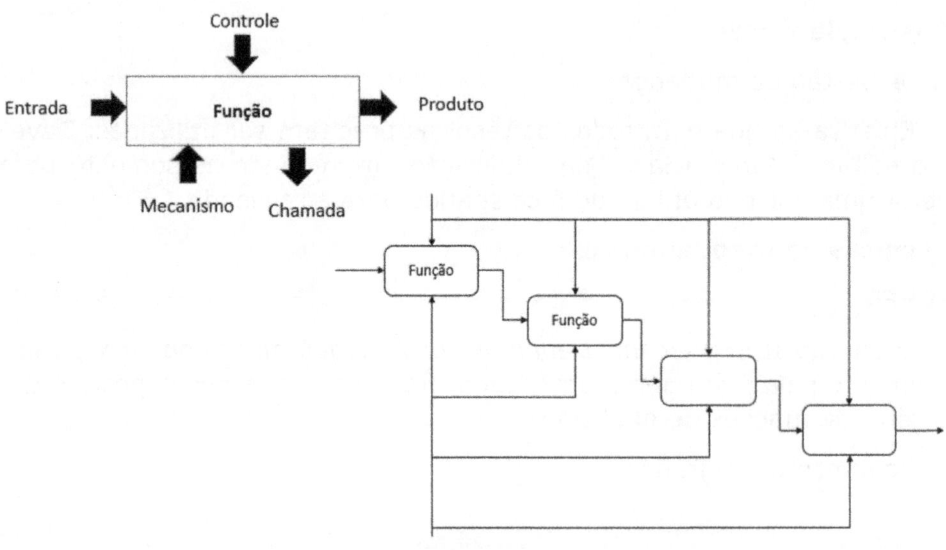

Figura 71

A função de maior nível (pai) pode se desdobrar ou conter subfunções ou atividades (filhos).

Exemplo:

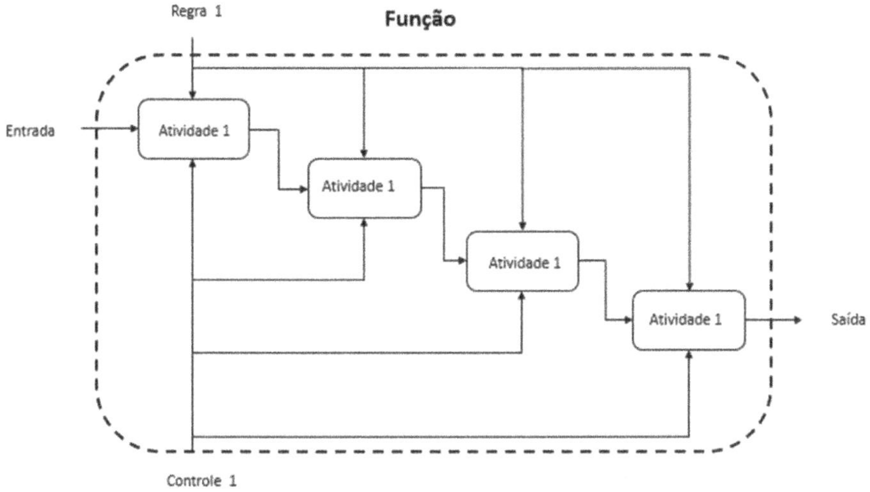

Figura 72

Características:

- É simples de desenhar, possuindo poucos símbolos na sua representação.
- Este padrão é conhecido pela comunidade de especialistas em gestão de processos, porém não é frequentemente utilizado pelas organizações no Brasil.
- O modelo de representação não é facilmente interpretável, necessitando muitas vezes de um especialista para efetuar a sua leitura.
- A sua interpretação pode não ser tão intuitiva para um colaborador que não tenha experiência em gestão de processos.

EPC (*Event Process Chain*)

O padrão EPC surgiu a partir do desenvolvimento da ferramenta de gestão de processos ARIS, trazendo o conceito de representação onde os fluxos são baseados em eventos.

Simbologia básica:

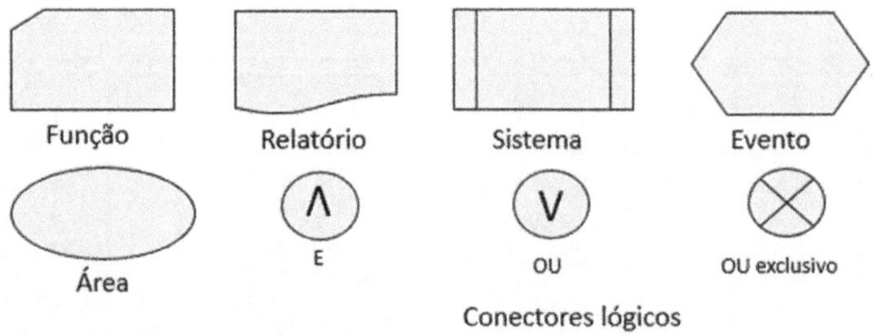

Figura 73

Exemplo de representação:

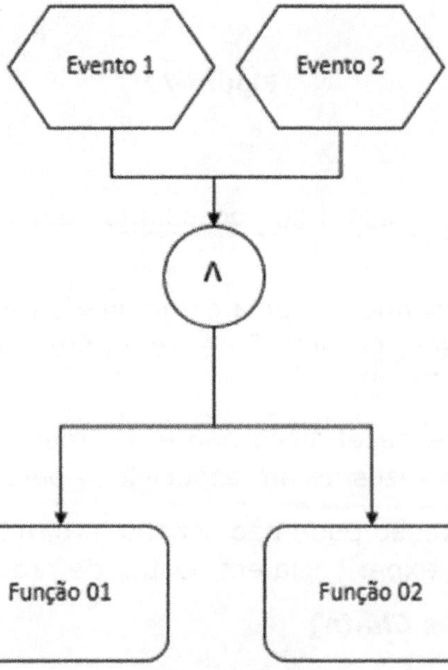

Figura 74

Características:

- O padrão EPC ainda não é muito utilizado e conhecido pelas organizações.
- Ele está bastante associado ao uso da ferramenta ARIS.

- A grande vantagem é o seu poder de integração com o sistema ERP SAP através do uso da ferramenta ARIS.
- Seu poder de integridade de informações é muito forte, evitando retrabalho e esforço na atualização da documentação (uso da ferramenta ARIS).

Fluxograma

O fluxograma representa uma sequência de atividades descritas no tempo e classificada por papéis.

Simbologia básica:

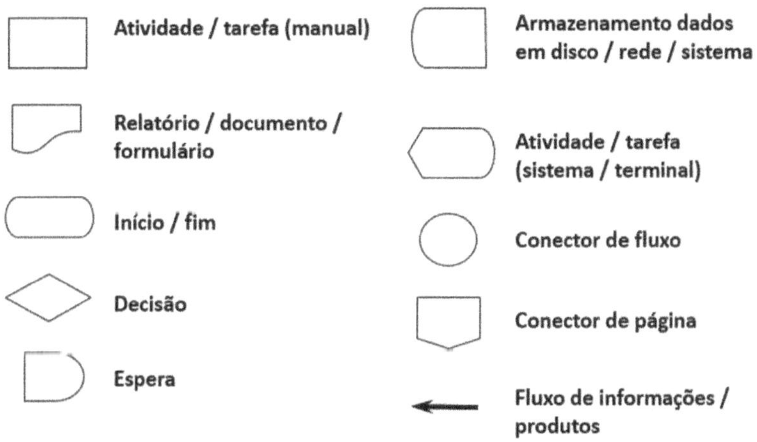

Figura 75

A figura a seguir traz um exemplo de fluxograma que ilustra o processo de arrumação de um quarto de hotel.

Neste exemplo, as raias horizontais representam a linha do tempo e as colunas, as responsabilidades. Essa ordem pode ser invertida sem problemas no padrão e no seu entendimento.

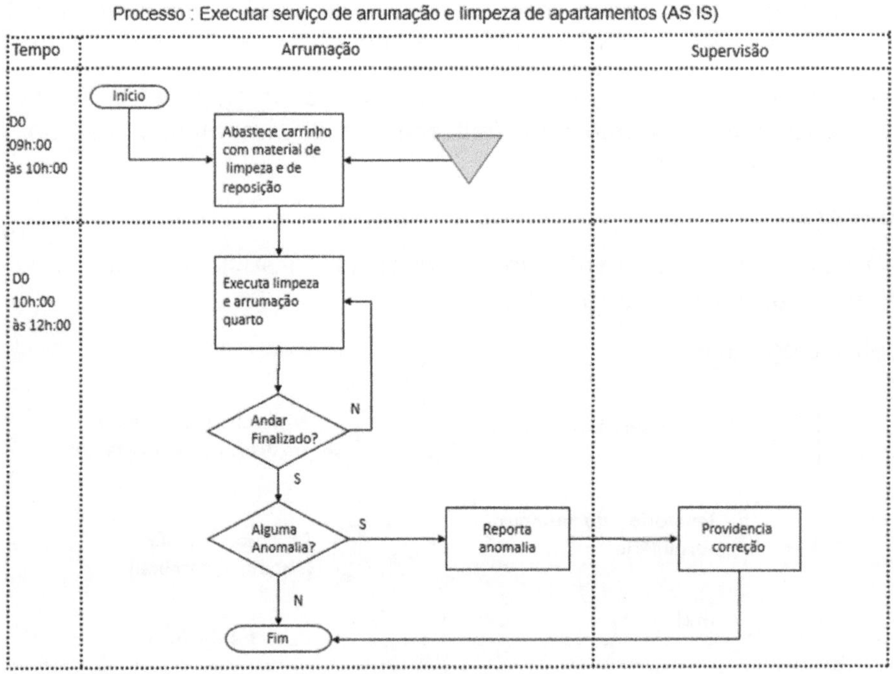

Figura 76

Características:

- É um padrão bastante conhecido por todas as organizações e pelos especialistas em mapeamento e gestão de processos.
- É fácil de compartilhar com os demais colaboradores e áreas.
- Podem ser desenhados com ferramentas normalmente encontradas nas organizações e não necessitam de ferramentas específicas.
- Existem muitos padrões de simbologias que muitas vezes são utilizados de forma diferente entre as organizações ou até mesmo entre áreas, dificultando uma padronização.
- Requer um pouco mais de tempo e treino dos colaboradores para que assimilem a simbologia e gerem um desenho de qualidade.

SIPOC (*Supplier Input Process Output Client*)

O padrão SIPOC é executado normalmente antes dos mapeamentos e das medições de processos para projetos que utilizam o método Seis Sigma.

Basicamente, mostra por processo ou por subprocesso os seguintes atributos: fornecedor (*supplier*), entradas (*input*), o que é feito (*process*), saídas (*output*) e clientes (*clients*).

Representação:

Supplier	Input	Process	Output	Client
Lavanderia externa	Roupa suja	Lavar e passar roupa	Roupa limpa e passada	Administração do hotel

Figura 77

Características:

- É bastante útil para mapear rapidamente atividades e processos.
- Deixa bem claro quais são os insumos e entregas de cada atividade.
- Deixa bem claro quem são fornecedores e clientes de cada atividade.
- Não mostra como a atividade é executada e também não esclarece muito bem a sequência e as interligações.

BPMN (*Business Process Management Notation*)

Desenvolvido pelo OMG (*Organizational Management Group*), visa padronizar as notações de modelagem de processos. Uma grande vantagem deste padrão é utilizar a notação do processo de negócio para fins de automação.

O BPMN utiliza um diagrama denominado DPN (Diagrama de Processo de Negócio).

Possui quatro elementos principais: eventos, atividades, fluxos conectores e *gateways*.

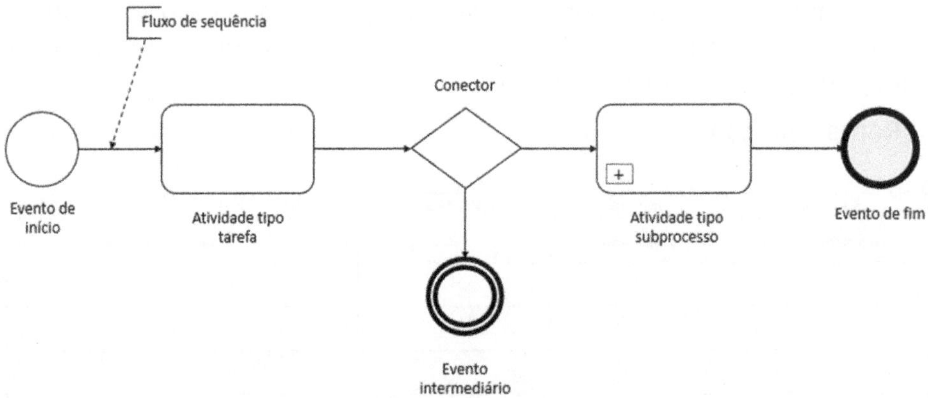

Figura 78

Eventos: algo que ocorre durante o fluxo de trabalho. Possui uma causa que o dispara e também gera um resultado. Notação de tipos de eventos:

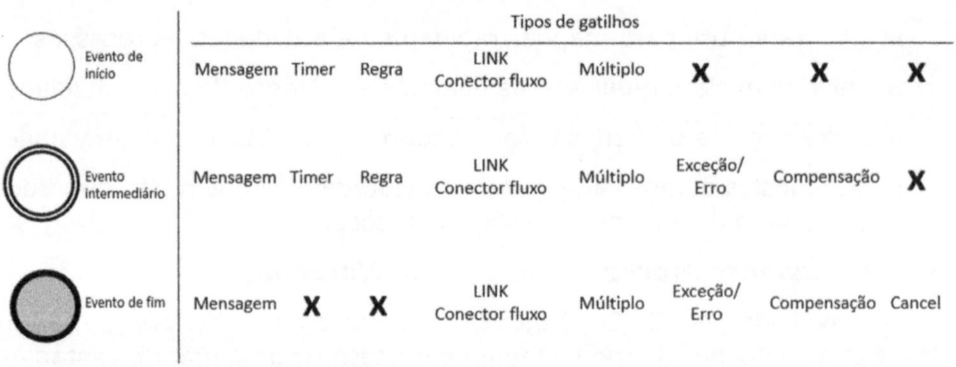

Figura 79

Atividades: é o trabalho que será executado no processo de negócio. Os tipos de atividades podem ser tarefas e subprocessos. Notação:

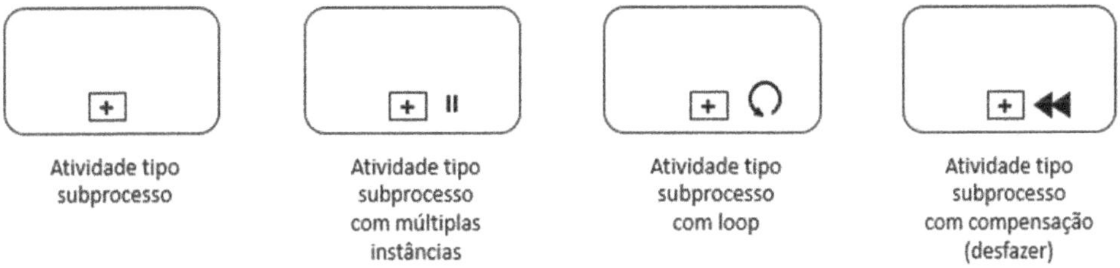

Figura 80

***Gateways*:** são direcionadores de fluxo que podem ser de convergência e divergência. Notação dos tipos de *gateways*:

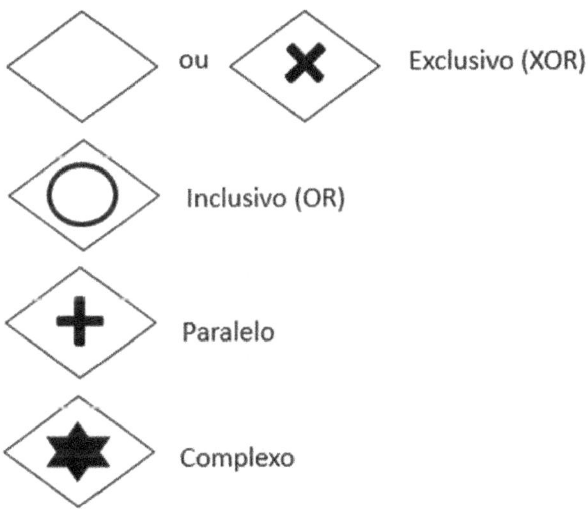

Figura 81

Utilização de *gateways* para convergência e divergência de fluxos:

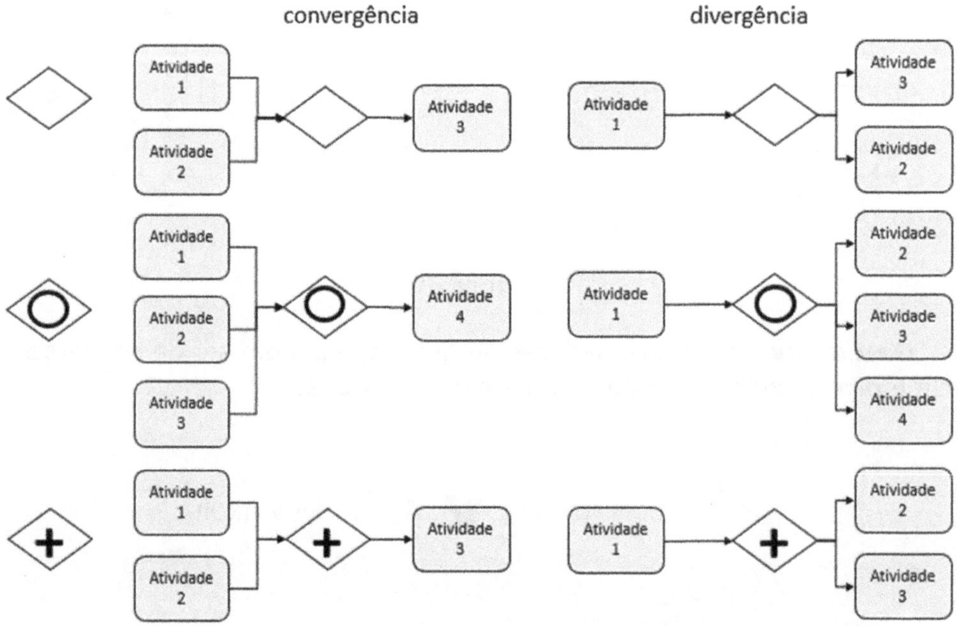

Figura 82

Exclusivo XOR

- **Convergente:** todas as atividades de entrada são consideradas.
- **Divergente:** somente uma das atividades é executada.

Inclusivo OR

- **Convergente:** todas as atividades de entrada são consideradas.
- **Divergente:** uma ou mais atividades de saída são executadas em paralelo conforme regras.

Paralelo

- **Convergente:** todas as atividades de entrada são consideradas.
- **Divergente:** todas as atividades de saída são executadas em paralelo.

Conectores: fluxo de informações, mensagens ou associações de artefatos. Notação dos tipos de conectores:

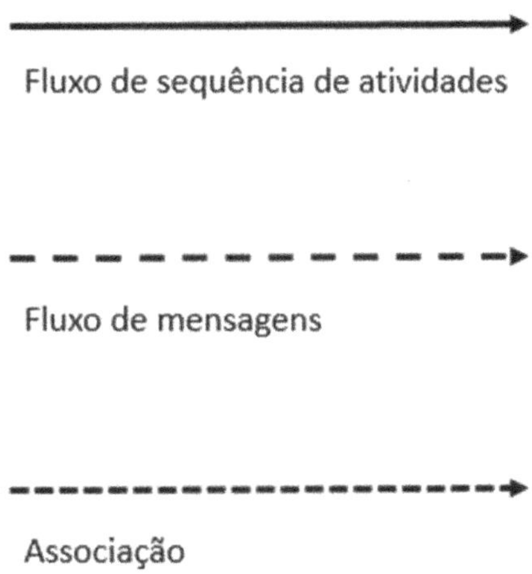

Figura 83

Piscinas (*pools*) e raias (*lanes*): delimitações entre atividades e funções.

Uma piscina ou *pool* atua como uma espécie de contêiner para dividir um conjunto de atividades.

Uma raia ou *lane* é uma subdivisão dentro do *pool*. É utilizada quando o diagrama comporta duas entidades de negócio distintas. A raia pode representar um papel ou departamento dentro de uma organização.

Notação:

Figura 84

Artefatos: são vinculados através de fluxo de associação. Tipos:

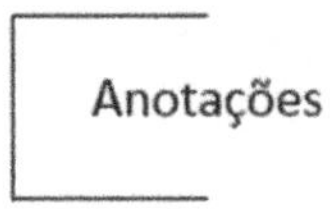

Figura 85

Anotações: fornecem informações complementares para o entendimento do diagrama.

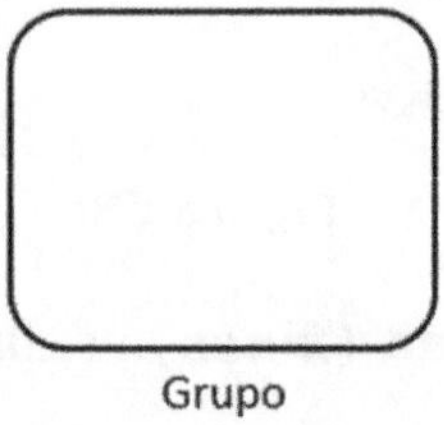

Figura 86

- **Grupo:** funciona como um envoltório de elementos, facilitando a delimitação de escopo para melhorar a análise e/ou documentação. Não afeta a sequência de fluxos e pode estar em duas ou mais raias.

Figura 87

- **Objeto de dados:** são representações de relatório, formulários ou base de dados que se associam aos demais elementos.

Exemplo de notação BPMN:

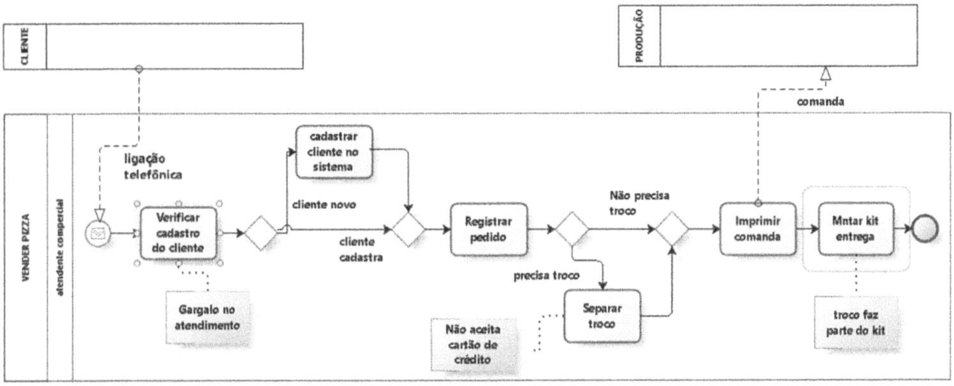

Figura 88[8]

Características:

- Possui uma simbologia padronizada e amplamente disseminada.
- Existem várias ferramentas no mercado que atendem a essa padronização.
- A quantidade e a variedade de simbologia podem dificultar o entendimento de usuários não técnicos.

Mapeamento de riscos operacionais

O objetivo desta atividade é mapear, qualificar e quantificar os riscos operacionais de cada processo.

A atividade de mapeamento é feita em conjunto com as áreas funcionais, *compliance* e auditoria. Sugere-se selecionar sempre os processos mais significativos e que geram mais impacto para o negócio. Exemplo de fluxo com mapeamento de risco operacional:

[8] Fonte: elaborado pelo autor utilizando a ferramenta Bizagi Modeller 2.0.

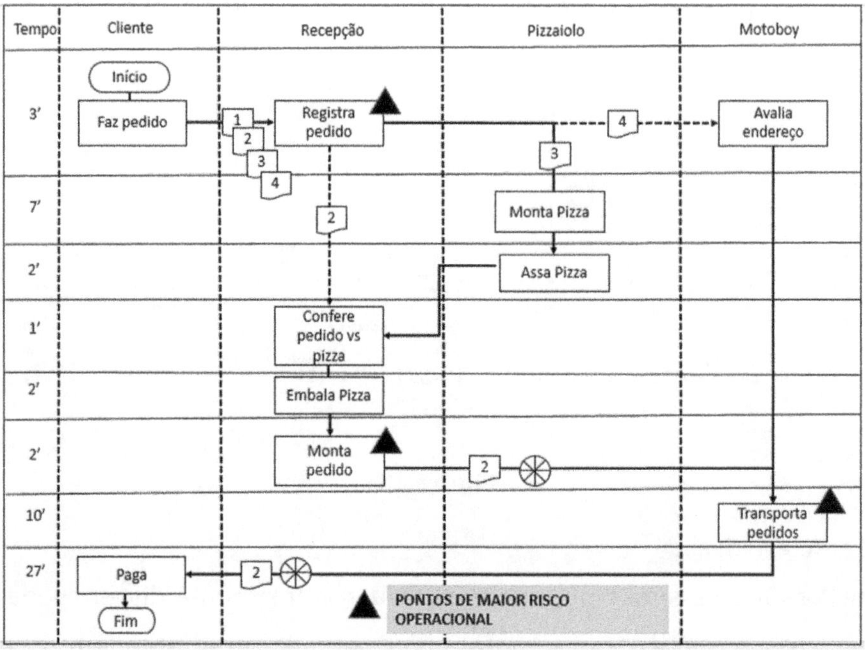

Figura 89

Uma vez mapeados os riscos operacionais utilizando-se um fluxograma, providencia-se o preenchimento do quadro FMEA.

	Etapa do processo	Modo de Falha	Efeito da falha	Grau de severidade	Causas potenciais	Probabilidade de ocorrência	Controles atuais	Grau de detecção	IR	Ações recomedadas	Responsável
1	Registro do pedido	Registro do pedido errado	Cliente reclama e é feita uma nova pizza	Alta (10)	O pedido não é repetido para o cliente	Baixa (2)	Não há	Baixa (10)	200	Repetir verbalmente o pedido ao cliente	Atendente
2	Montagem da pizza	Pizzaiolo esquece de algum ingrediente	Cliente reclama e pode ser feita uma nova pizza	Alta (8)	Pizzaiolo não possui lista de ingredientes para pizzas menos pedidas	Média (6)	Não há	Média (5)	240	Pizzaiolo deve consultar a receita para pizzas menos pedidas	Pizzaiolo
3	Montagem do pedido	Atendente esquece ou troca parte do pedido que acompanha a pizza	Cliente reclama e motoboy precisa fazer nova viagem	Média (7)	Atendente não efetua revisão após montagem	Média (4)	Não há	Média (5)	140	Atendente deve conferir o pedido após montagem	Atendente
4	Transporte do pedido	Motoboy esquece a máquina do cartão	Demora para a entrega do pedido	Média (4)	Motoboy não faz checklist e confere pedido	Baixa (3)	Não há	Baixa (8)	96	Atendente efetuar checklist oral antes da partida do motoboy	Atendente e motoboy
5	Transporte do pedido	A pizza do cliente vem trocada	Cliente reclama e podem ser feitas duas novas pizzas	Alta (10)	Papel descola da caixa / troca na montagem	Baixa (2)	Não há	Baixa (8)	160	Pizzaiolo confere pizza na embalagem e motoboy confere pedido colado na embalagem	Pizzaiolo e motoboy
6	Transporte do pedido	Motoboy demora para entregar	Cliente reclama	Média (6)	Motoboy não estabelece roteiro prévio	Média (5)	Não há	Baixa (8)	240	Estabelecer roteiro prévio com guia ou GPS	Motoboy
7	Transporte do pedido	Motoboy não leva o troco	Cliente reclama	Baixa (3)	Atendente não avisa motoboy	Média (5)	Não há	Baixa (8)	120	Levar troco adicional / incluir aviso na checagem do atendente qto ao pedido	Atendente e motoboy

Figura 90

Basicamente o FMEA quantifica o risco operacional através da ponderação de três fatores: grau de severidade, probabilidade de ocorrência e grau de detecção da falha.

Cada etapa do processo é analisada observando-se os seguintes atributos:

- **Modo de falha:** como o produto ou a atividade pode falhar.
- **Efeito da falha:** as consequências da falha para o negócio ou processo.
- **Grau de severidade:** mede o impacto no cliente do processo (10 = Impacto alto e 1 = Impacto baixo).
- **Causas potenciais:** as causas que podem ter gerado a falha.
- **Probabilidade de ocorrência:** mede a probabilidade de a falha ocorrer (10 = Muito provável e 1 = Pouco provável). A probabilidade de ocorrência está associada ao histórico de falhas.
- **Controles atuais:** quais são os atuais controles para prevenir ou detectar falhas?
- **Grau de detecção:** mede a facilidade ou dificuldade de detectar uma falha até o produto chegar ao cliente (10 = Difícil de detectar e 1 = Fácil de detectar). Quanto mais difícil é a detecção, maior o impacto desta variável.
- **Índice de risco (IR):** é a multiplicação do grau de severidade pela probabilidade de ocorrência e pelo grau de detecção. Quanto maior, maior o risco potencial.

De posse dos processos com maiores índices de risco, providencia-se a atualização do portfólio de processos e também pode ser iniciada uma ação de mitigação dos riscos.

Após a implantação da ação de mitigação do risco, providencia-se um novo cálculo de IR para repriorizar os processos do portfólio quanto ao grau de risco.

3.2.4.3. Ferramentas

Além das técnicas, existem as ferramentas automatizadas para auxiliar na gestão da governança e dar suporte à operacionalização do método.

O repositório de processos e o sistema de gestão de documentação

O repositório de processos é uma base de dados para armazenar os procedimentos da organização. Normalmente está acoplado a um sistema de gestão de documentação que serve para capturar, armazenar e disseminar conhecimento sobre os processos.

Esquema de repositório e sistema de gestão de documentação:

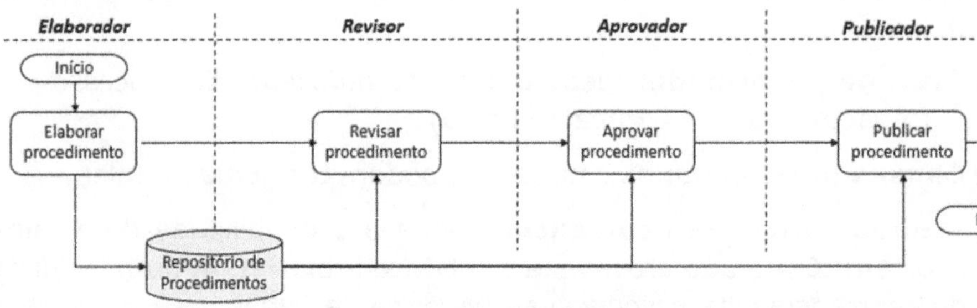

Figura 91

O sistema de gestão de documentação é do tipo *workflow* e basicamente precisa possuir as funções de elaboração, revisão, aprovação e publicação dos procedimentos.

De preferência, o sistema deve ser desenvolvido em plataforma web para garantir amplo acesso pelos colaboradores da organização tanto para a edição quanto para a consulta.

O formulário de procedimentos deve de preferência possuir os seguintes campos:

- Identificação do processo (código, nome).
- Macroprocesso, áreas funcionais.
- A descrição do processo (incluir fluxo operacional).
- Identificação de elaborador, revisor e aprovador, com respectivas datas.
- Histórico de modificações.

REGISTRO DE PROCEDIMENTOS			
Data publicação		Código proc.	
Nome proc.			
Área responsável			
Macroprocesso			
Processo			
Objetivo			
Descrição			
Fluxo operacional			
Glossário de termos e abreviações			
Elaborador		Data elaboração	
Revisor		Data revisão	
Aprovador		Data aprovação	
Histórico de modificações			
Data modificação	Responsável	Item	Descrição

Figura 92

Calculadora de custo-benefício

O objetivo desta ferramenta é calcular o benefício financeiro líquido de uma iniciativa de processos. Como benefícios, ela proporciona rapidez, precisão e flexibilidade no cálculo de benefícios de um projeto de qualquer natureza. A ferramenta é constituída dos seguintes atributos:

- Descrição básica do projeto (gestor, identificação, objetivos, descrição, produto, áreas impactadas, clientes).
- Descrição dos benefícios qualitativos (racional).

- Premissas de cálculo (prazo, taxa de inflação e taxa de mínima atratividade).
- Fluxo de caixa contendo desembolsos e entradas.
- Data de início e implantação do projeto.
- Regras de ativação do projeto.
- Fluxo de caixa líquido (benefícios quantitativos/financeiros).
  - Receitas
  - Desembolsos
  - Depreciação
  - Racional de cálculo

Exemplo de calculadora de benefícios financeiros em XLS (descritos somente a parte do fluxo de caixa líquido e o cálculo de benefício financeiro):

Anos	*1*	*2*	*3*	*4*	*5*	*6*	*7*	*8*
Roadmap	*Planejamento e execução*			*Pós-implantação*				
Dispêndios	R$ 1.444.800	R$ 1.478.400	R$ 1.478.400					
Investimento 1	R$ 500.000							
Investimento 2	R$ 100.000							
Despesa 1	R$ 844.800	R$ 844.800	R$ 844.800					
Despesa 2		R$ 633.600	R$ 633.600					
Benefícios	**R$ 337.920**	**R$ 591.360**	**R$ 591.360**	**R$ 1.352.210**	**R$ 1.430.463**	**R$ 1.513.411**	**R$ 1.601.335**	**R$ 1.694.535**
Benefício 1 (corr)				R$ 1.191.016	R$ 1.262.477	R$ 1.338.226	R$ 1.418.519	R$ 1.503.630
Benefício 2 (corr)				R$ 113.194	R$ 119.986	R$ 127.185	R$ 134.816	R$ 142.905
Benefício fiscal	R$ 337.920	R$ 591.360	R$ 591.360					
Benefício depreciação				R$ 48.000	R$ 48.000	R$ 48.000	R$ 48.000	R$ 48.000
Fluxo caixa final	R$ 1.106.880	R$ 887.040	R$ 887.040	**R$ 1.352.210**	**R$ 1.430.463**	**R$ 1.513.411**	**R$ 1.601.335**	**R$ 1.694.535**
	VPL=	R$ 1.078.083	*TIR =*	27%	*TMA=*	15%	*Inflação*	6%

Figura 93

3.2.4.4. Ferramentas de apoio

Agenda de projetos

A agenda de projetos é um instrumento de apoio utilizado pelo escritório de processos para registrar e controlar as propostas que serão submetidas à avaliação dos comitês operacional de processos e/ou executivo.

Uma vez definidas junto aos respectivos gestores quais ações serão apresentadas e avaliadas, agenda-se a ordem de apresentação nos dias de realização dos comitês.

AGENDA DE COMITÊ					
NOME DO COMITÊ					
DATA:			HORA:		
LOCAL:					
OBJETIVO:					
ID	NOME	DESCRIÇÃO	INÍCIO	APRESENTADOR	ÁREA

Figura 94

Atributos necessários para a agenda da reunião:

- Nome do comitê
- Data/Hora/Local
- Objetivo da reunião do comitê
- ID e nome da proposta (melhoria, redesenho ou inovação)
- Descrição e hora de início da apresentação
- Área de origem e nome do apresentador

Ata de reunião

A ata de reunião é um instrumento de apoio utilizado pelo escritório de processos para registrar e controlar as iniciativas aprovadas pelos comitês operacional e/ou executivo.

Exemplo de ata de reunião de comitê:

ATA DE REUNIÃO			
Data:		Hora:	
Local:			
Objetivo:			

Nome	Presença
	S
	N

Cod Seq	Assunto

Cod Seq	Ação	Responsável	Data

Figura 95

NOTA: a ata pode conter observações apontando que a iniciativa já havia sido apresentada anteriormente e que seus benefícios serão revalidados para ser aprovada em definitivo.

Atributos necessários para a ata de reunião:

- Data/Hora/Local
- Nome do comitê
- Nome dos participantes convocados presentes e não presentes
- Objetivo da reunião
- Descrição do que foi dito (ID e assunto)
- Quadro resumo das ações que devem ser tomadas: ID, descrição, responsável, data prevista para solução
- Um anexo e *input* da ata é a lista de presença com as assinaturas dos presentes

3.2.5. Etapa Mapear portfólio de processos

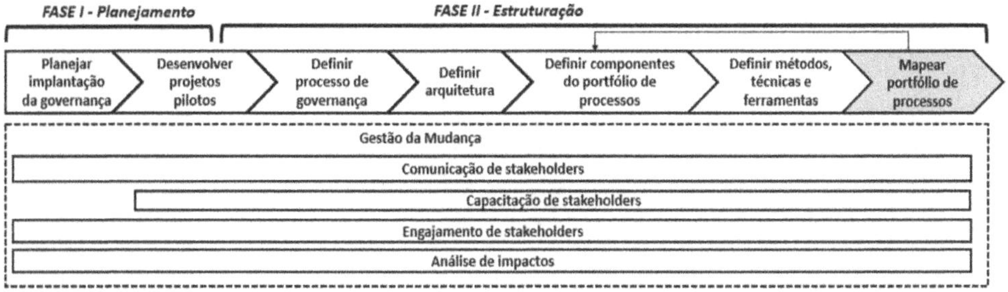

Figura 96

O objetivo desta etapa é planejar e executar o mapeamento dos processos da organização.

Possibilita a representação e a conservação dos conhecimentos sobre os processos organizacionais da empresa.

Auxilia a documentação e a padronização e mostra como o procedimento deve ser executado e comunicado.

Primeiramente, deve-se adotar uma estratégia de mapeamento e definir quais processos e atividades serão mapeados e em qual ordem. É importante também obedecer à arquitetura estabelecida em termos de classificação e agrupamento de processos para evitar retrabalho.

Além da seleção da técnica de mapeamento, igualmente importante é definir um padrão de documentação de procedimentos. Caberá ao escritório de processos conduzir esse trabalho e posteriormente desenvolver as atividades de capacitação e comunicação.

Repositórios de processos, ferramentas de gestão da documentação e ferramentas de mapeamento podem ser desenvolvidos em conjunto. Eles trarão, sem dúvida, um aumento na produtividade e na integração e uma redução de retrabalho.

Porém, deverá existir um plano de implantação claro. Selecione técnicas e ferramentas que sejam úteis, aplicáveis e que estejam alinhadas com a cultura da organização.

Pontos de atenção ao selecionar a ferramenta e a técnica de mapeamento: existem muitas técnicas e ferramentas disponíveis, porém recomenda-se utilizar a que melhor se adapte ao contexto da organização.

Idealmente, ela deve garantir a integridade das atualizações, produtividade, facilidade no acesso, simplicidade no uso, custo compatível com os objetivos e facilidade de integração com os sistemas legados.

As ferramentas não precisam necessariamente ser adquiridas logo no início das atividades de mapeamento. É preciso que exista um padrão e uma ferramenta simplificada que possibilite o desenho de símbolos básicos da técnica escolhida e de um local de armazenamento de documentos e formulários. Um alerta a ser feito é sobre o esforço futuro quando for necessária a conversão da documentação.

A ferramenta de gestão de documentação deve possuir as funções essenciais de elaboração/revisão, aprovação e publicação através de um *workflow* e pode estar acoplada a um repositório de processos e ferramenta de mapeamento.

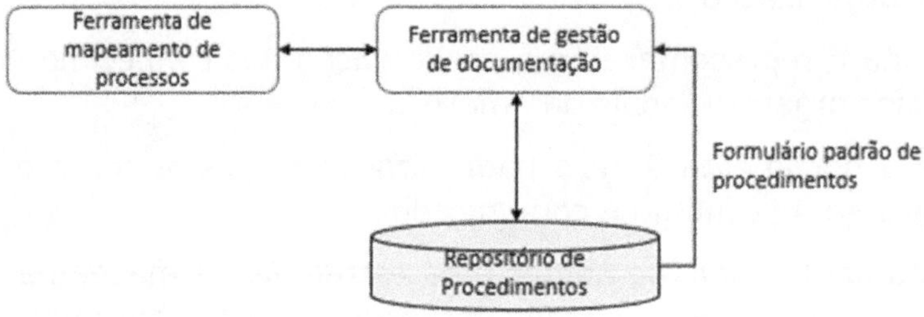

Figura 97

Definindo uma estratégia de mapeamento

A estratégia basicamente dependerá do objetivo, que poderá ser um diagnóstico geral da organização, uma certificação de sistema da qualidade, a aquisição por uma outra empresa, a implantação de um sistema de informações, a resolução de um problema de processo pontual, o redesenho de um processo, a implantação de um novo produto ou serviço ou o atendimento a uma demanda de legislação.

Pode-se iniciar pelo mapeamento de cadeia de valor e depois definir os macroprocessos, processos, atividades e tarefas. É possível também partir de um modelo operacional *AS IS*.

Outra alternativa é mapear a operação sem o estabelecimento de fronteiras prévias dos macroprocessos, definindo-as após o mapeamento.

Pode-se também adotar a estratégia de mapeamento dos processos mais críticos que foram eventualmente selecionados para serem alvo de algum projeto de transformação de processos.

É muito importante que os colaboradores de outras áreas, que não do escritório de processos e que participarão do mapeamento, sejam devidamente comunicados e, em alguns casos, capacitados. Isso porque normalmente as áreas funcionais participam ativamente do mapeamento.

Um processo de capacitação deve ser desenvolvido previamente ou em paralelo para informar sobre o processo de guarda, mapeamento e padronização de documentação.

É importante que o mapeamento não resulte simplesmente em uma representação de atividades, mas que aponte riscos operacionais, problemas e oportunidades de melhoria. Além disso, a documentação deve estar viva e disponível para ser atualizada em qualquer momento, para que represente efetivamente os procedimentos utilizados na organização.

O mapeamento de um processo influencia no seu grau de maturidade e é uma das entradas para atualizar o portfólio de processos.

CAPÍTULO 4

FRAMEWORK DE OPERAÇÃO E CONDUÇÃO DO ESCRITÓRIO DE PROCESSOS

Uma vez implantado o escritório de processos, iniciam-se os processos de operação e condução. A sua operacionalização ocorre por meio da implantação do processo de governança, que, juntamente com seus instrumentos de apoio, como os comitês e o portfólio de processos, são postos em prática.

Essa operação é constituída de ciclos de governança conduzidos pelo escritório de processos:

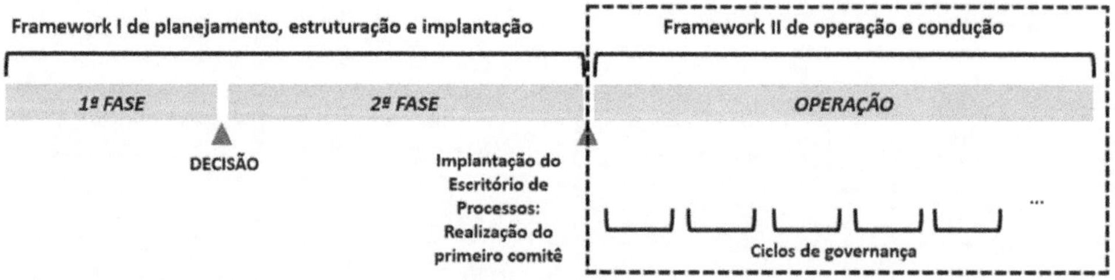

Figura 98

Em cada ciclo são realizadas avaliações periódicas do conjunto de processos organizacionais segundo os critérios estabelecidos pela governança. Essas avaliações são conduzidas pelos membros do escritório de processos, auxiliados por um comitê operacional de processos e de um comitê executivo.

Um ciclo é composto de três fases:

- A Fase I é chamada de pré-comitê, onde são feitas todas as atividades de preparação, e é dividida em quatro etapas: coleta de informações, avaliação de portfólio de processos, avaliação de oportunidades e avaliação de custo-benefício.
- A Fase II é chamada de execução do comitê e possui uma etapa, que descreve como ele pode ser conduzido.
- A Fase III é chamada de pós-comitê e trata das ações que podem ser executadas após a sua realização, como o acompanhamento das iniciativas de processos.

A seguir, o *roadmap* (cronograma de alto nível) do *Framework* II de operação e condução do escritório de processos desdobrado em suas etapas:

Figura 99

Os colaboradores do escritório de processos conduzem todas as etapas, desde a coleta de informações, avaliação, aprovação das iniciativas de processos até o seu acompanhamento pós-implantação.

Participam, além do escritório de processos, as áreas funcionais, demais áreas internas, o comitê operacional de processos, o comitê executivo e o escritório de projetos.

A realização do primeiro comitê, seja ele operacional de processos ou executivo, caracteriza o início da etapa de operacionalização e condução de um escritório de processos.

4.1. FASE I – PRÉ-COMITÊ

A fase de pré-comitê tem o objetivo de coletar, consolidar e preparar todas as informações necessárias para a condução do comitê operacional ou eventualmente de um comitê executivo.

Cabe aos membros do escritório de processos efetuar todo o trabalho de captura e consolidação das informações relevantes do portfólio de processos para atender à pauta da reunião. Nessa preparação, eles podem receber o auxílio de seus parceiros, como o escritório de projetos, TI, auditoria e *compliance*, controladoria e áreas funcionais.

Além de todo o levantamento sobre a situação atual do portfólio, os membros do escritório de processos precisam levantar o consumo de orçamento, o status das iniciativas já aprovadas e identificar oportunidades potencias de forma preliminar. Por fim, também fazem parte das ações de preparação as atividades de agendamento e convocação da reunião.

Duas atividades críticas são a análise do portfólio e a identificação preliminar de oportunidades de melhoria, redesenho e inovação. Cabe aos membros do escritório de processos efetuar as orientações prévias de como estruturar o registro das iniciativas propostas e auxiliar no cálculo de benefícios e na elaboração das apresentações.

4.1.1. Etapa Coleta de informações

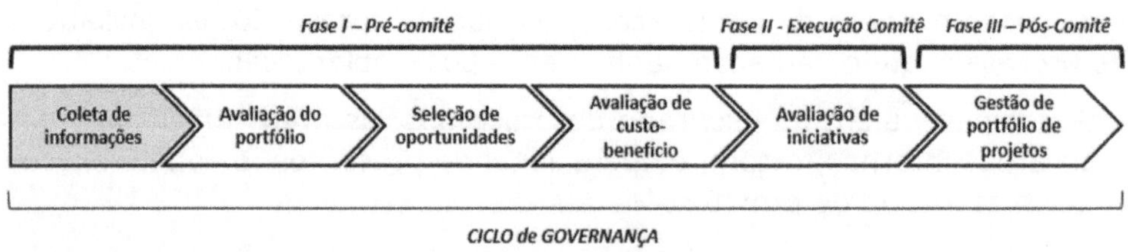

Figura 100

O ciclo da governança e a operacionalização do portfólio de processos começam com a etapa de coleta de informações.

Fazem parte dessa coleta todas as informações relacionadas aos processos organizacionais, incluindo atributos de maturidade, indicadores de desempenho, impacto, riscos operacionais, apontamentos de auditoria e iniciativas de diversas fontes da organização.

Além de capturar, é necessário armazenar, tratar, consolidar e validar as mesmas informações. Eventualmente, informações provenientes de fontes externas podem fazer parte da coleta, como indicadores de *benchmarking* para a calibração de metas internas de desempenho e para análises comparativas.

A coleta envolve informações vinculadas aos processos de negócio das áreas funcionais e de demais clientes internos e abrange os atributos que compõem o portfólio de processos.

Classificação e nível de detalhamento:

- Identificação do componente (nome, descrição).
- Classificação e nível do componente (operação, macroprocesso, processo, atividade, tarefa).

Grau de controle:

- Nível de controle de documentação.
- Existência de monitoramento do processo (indicador de desempenho).

Grau de importância:

- Grau de impacto no negócio.
- Grau de risco.
- Grau de alinhamento com a estratégia atual.

Avaliação de desempenho:

- Indicador de desempenho (em relação à meta).
- Existência de apontamentos da auditoria e *compliance*.

Acompanhamento de iniciativas de melhoria ou inovação:

- Status das iniciativas.
- Valor do benefício (caso existam ações em andamento).

No início da captura é importante atualizar o portfólio de processos com as modificações ocorridas: criação, eliminação e agrupamento de processos para os níveis de classificação adotados.

É importante identificar o grau de documentação dos processos, que reflete o nível de gestão e controle e mostra o quanto um processo está documentado e padronizado, aumentando a previsibilidade sobre os resultados, além de garantir que o conhecimento esteja formalizado e disponível para a organização.

É necessário verificar a existência de controles através do uso de indicadores de medição de desempenho. Nesse caso avalia-se a existência de indicadores, metas e faixas de tolerância.

A combinação desses atributos de controle ajuda a compor o grau de maturidade do processo.

Avaliar o grau de impacto ou importância do processo para o negócio indica o quanto um determinado processo é relevante para a organização. Pode também refletir os custos do processo de uma forma direta. Segue um exemplo de matriz de impacto que mostra qual processo é o mais importante em função da correlação de seus indicadores com os critérios de desempenho do negócio.

Critérios de desempenho	Peso	Processo 1			Processo 2			Processo 3		
		Inndicador A	Inndicador B	Inndicador C	Inndicador A	Inndicador B	Inndicador C	Inndicador A	Inndicador B	Inndicador C
Custo operacional	40	L	L	L	H	H	H	M	M	M
Faturamento	20	L	L	L	L	L	L	M	M	M
Risco operacional	10	M	M	M	H	H	H	L	L	L
Qualidade	20	M	M	M	L	L	L	L	L	L
Atendimento	10	H	H	H	M	M	M	M	M	M
Total	100	800	800	800	1300	1300	1300	850	850	850

Figura 101

Neste exemplo, processos com seus respectivos indicadores (três cada) são correlacionados com critérios de desempenho do negócio associados a seus respectivos pesos. Processos que totalizarem maior pontuação podem ser candidatos a uma análise mais detalhada.

Além dos apresentados no exemplo, os critérios de desempenho podem também ser competitivos como inovação, velocidade, custo, entrega, flexibilidade e qualidade. Podem refletir a percepção do cliente.

É necessário coletar o grau de exposição ao risco indicado por meio de apontamentos e não conformidades da auditoria e controles internos. A técnica FMEA pode auxiliar a calcular e pontuar os riscos operacionais. Seus componentes são:

- Grau de severidade ou impacto
- Grau de probabilidade de ocorrência
- Grau de detecção

Deve-se avaliar o quanto um determinado processo está alinhado com as estratégias da organização e que podem ser alteradas com o tempo.

Deve-se coletar dados dos indicadores quanto ao seu grau de desempenho, indicando quanto o processo está atendendo ao seu objetivo e à sua meta estabelecidos. O grau de desempenho pode ser medido diretamente pelos indicadores de eficácia ou resultados como entrega, custo, qualidade, bem como pela avaliação de satisfação de seus clientes.

O processo precisa primeiramente atingir um nível de desempenho para o qual foi desenhado. De nada adianta possuir um grau de maturidade alto se ele não estiver cumprindo com o seu desempenho de entrega.

Os valores dos indicadores precisam estar próximos a uma meta e dentro de uma faixa de tolerância estabelecida. Caso eles estejam fora da faixa, teremos um problema.

O gráfico mostra o conceito de meta e faixa de tolerância.

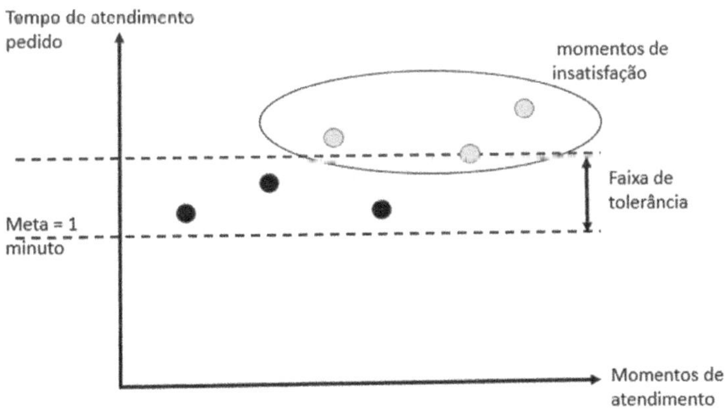

Figura 102

Deve-se verificar a existência de apontamentos de auditoria e *compliance*, mostrando não só a fragilidade do processo como o seu nível de qualidade e eficiência.

Finalmente, ressalta-se que, nesta etapa de coleta, um repositório de processos é bastante útil para armazenar, organizar e compartilhar todas essas informações. Igualmente importante será a parceria e integração do escritório de processos com as demais áreas que fornecerão os todos os insumos.

4.1.2. Etapa Avaliação do portfólio

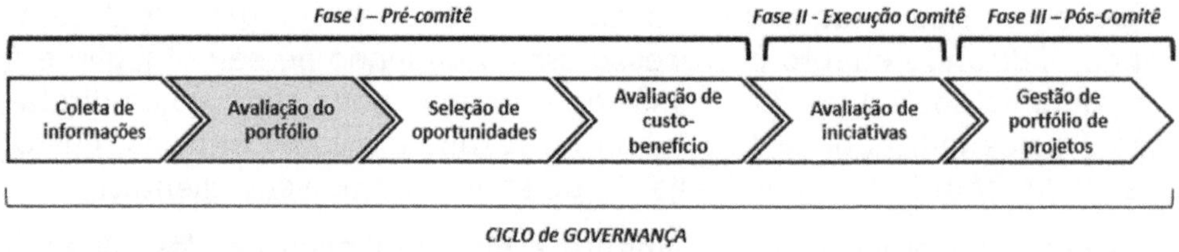

Figura 103

Esta etapa consiste na avaliação ou diagnóstico do portfólio de processos utilizando todas as informações obtidas na etapa anterior.

Ela possui dois objetivos principais: monitorar o portfólio de processos em termos de controles e desempenho; e identificar oportunidades de melhoria, redesenho ou inovação em processos.

Na operacionalização desta etapa, os diversos atributos dos processos são analisados de forma a pontuar e identificar os processos mais críticos.

Exemplo de monitoramento do portfólio de processos:

Nível	Componente	Controle		Importância			Desempenho		Iniciativa	
		Documentação	Controles	Impacto	Risco	Alinhamento	Indicador	Apontamentos	Status	Valor do Benefício
Operação	Pagamento de fornecedores	○	●	◐	◐	○				
Macroprocesso	Cadastro de fornecedores	○	○	○	○	○				
Processo	Qualificação do fornecedor	○	◐	◐	◐	○				
Processo	Alteração de cadastro	◐	●	◐	◐	●				
Processo	Relacionamento	○	○	○	○	◐				
Macroprocesso	Agendamento pagamento	○	●	◐	◐	●				
Processo	Registro e contabilização de pagamento	○	◐	◐	◐	◐				
Processo	Finalização do pagamento	◐	○	◐	◐	●				

● Alto ◐ Médio ○ Baixo

Figura 104

A figura apresenta um portfólio de processos contendo processos representados pelos círculos (A a H). As variáveis são o grau de maturidade (controle) no eixo da abcissa, o grau de impacto no eixo da ordenada e o *gap* em relação ao desempenho desejado, que é representado pelo tamanho do círculo.

Observe que esses atributos já devem ter sido selecionados e coletados para compor o portfólio de processo nas etapas anteriores.

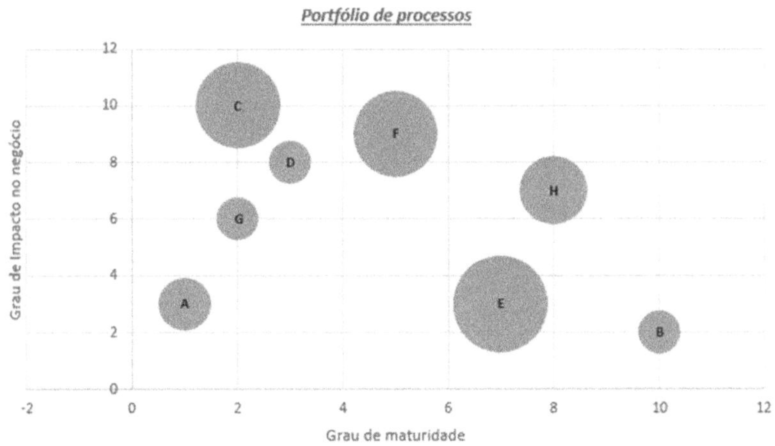

Figura 105

Pode-se observar esse portfólio sob vários ângulos.

Os processos que apresentam alto grau de impacto e baixo grau de maturidade (por exemplo, contendo poucos controles e muitos apontamentos) podem ser os primeiros candidatos a uma avaliação mais aprofundada para identificar oportunidades de melhoria e otimização. Além disso, os processos com maiores áreas de círculo, que representam os *gaps* de desempenho, também se destacam.

Cabem aos integrantes do escritório de processos efetuar previamente a análise e a pré-seleção de oportunidades, consolidando-as para uma apresentação resumida no próximo comitê operacional ou executivo.

A próxima figura apresenta um portfólio de projetos de processos sob a ótica de iniciativas de melhoria já em andamento. Como variáveis, apresenta o grau de impacto para o negócio no eixo da ordenada e as categorias das iniciativas no eixo da abcissa. As categorias representam, por exemplo, as ações de redução de custos, redução de falhas, atendimento à legislação, melhoria incremental de processos e inovação. O tamanho dos círculos representa o valor de VPL da iniciativa de processo.

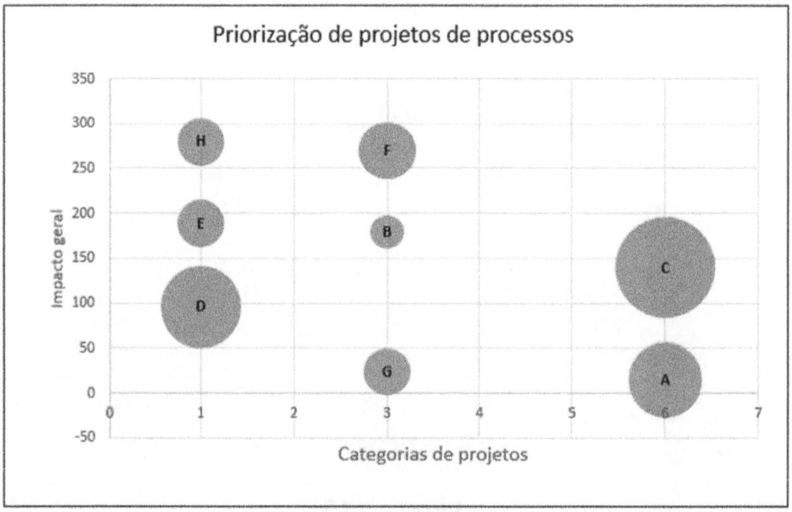

Figura 106

Neste caso específico, objetivam-se o balanceamento e a otimização do portfólio, estruturando um *mix* ótimo de iniciativas de processos de forma a maximizar os retornos do conjunto. Deve-se ao mesmo tempo atender às estratégias de forma balanceada e obedecer a uma restrição orçamentária.

Verifica-se a entrada de novos processos e/ou mudanças na estrutura. Processos que já possuam iniciativas de transformação associadas são monitorados em relação ao seu andamento. Caso novos projetos de transformação tenham sido implantados, é importante ter o seu benefício monitorado com o auxílio do escritório de projetos.

Pode ocorrer uma pré-seleção de processos com oportunidades potenciais, minimizando os esforços subsequentes. É sempre importante observar o consumo do orçamento das iniciativas anteriores, mostrando o saldo orçamentário para o comitê. Essa tarefa pode ser executada em conjunto com o escritório de projetos e a controladoria.

Exemplo de visão de controle geral de orçamento:

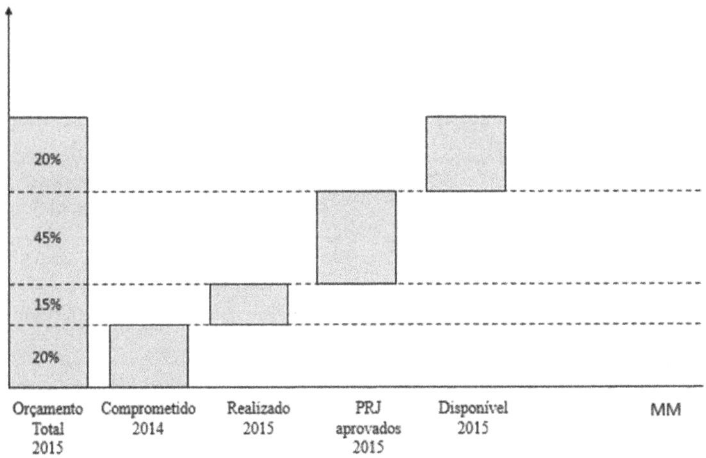

Figura 107

Existem o orçamento anual total e as inciativas aprovadas no ano anterior, que muitas vezes não são finalizadas e continuam a consumir o orçamento (comprometido). Têm-se o que já foi consumido no ano (realizado), os valores dos projetos aprovados em comitê e o orçamento restante disponível.

4.1.3. Etapa Seleção de oportunidades

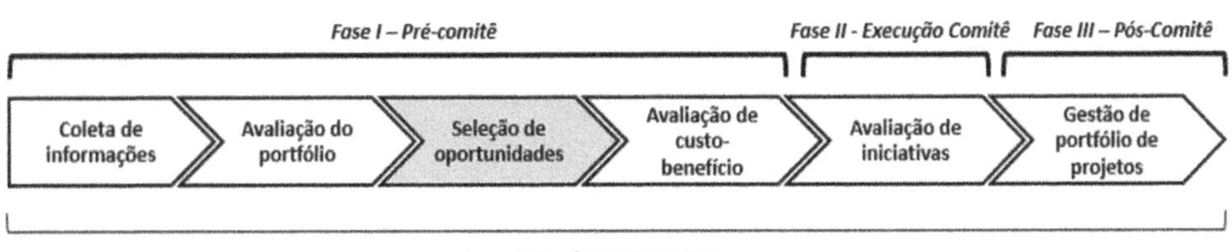

Figura 108

O objetivo desta etapa é selecionar as melhores iniciativas de transformação de processos originadas por melhoria incremental, redesenho ou inovação. Estabelece-se um método para a seleção das propostas fazendo uma ponderação dos atributos ou critérios de grau de maturidade, grau de desempenho, risco operacional e impacto no negócio (podem ser estimativas qualitativas com conversão para um valor quantitativo).

Exemplo de um quadro de processos com ponderação:

Processo	Grau de maturidade			Grau de atendimento / desempenho	Impacto valor/custo ou custo	Grau de impacto negócio	Grau de priorização
	Qualidade da Documentação	Existência de Indicadores de desempenho	Apontamentos e Risco operacional				
Processo A	3	1	5	2	4	10	1.200
Processo B	2	3	3	3	5	5	1.350
Processo C	1	1	6	4	4	3	288
Processo D	2	3	7	5	5	7	7.350
Processo E	3	3	8	6	6	2	5.184
Processo F	2	1	4	7	7	6	2.352
Processo G	1	3	5	3	8	5	1.800
Processo H	2	1	6	4	7	8	2.688
Processo I	3	3	7	4	5	9	11.340
Processo J	2	1	8	5	6	10	4.800

Figura 109

Foram adotados arbitrariamente critérios para a montagem do quadro e pontuação dos atributos: Qualidade da documentação (1-Completo, 3-Inexistente); Existência de indicadores de desempenho (1-Existente, 3-Inexistente); Apontamentos e risco operacional medidos pelo índice de risco, Grau de atendimento (1-Atende plenamente, 10-Não atende); Impacto no valor (10-Alto custo, 1-Baixo custo); Grau de impacto (10-Alto impacto, 1-Baixo impacto). O grau de priorização é o resultado da multiplicação de todos os atributos.

Neste exemplo, os processos selecionados como oportunidades são o processo I, seguido dos processos D e E, por apresentarem um grau de pontuação maior em relação a vários critérios.

Pode-se eventualmente utilizar gráficos como o de grau de impacto *versus* grau de maturidade para auxiliar a apresentação das iniciativas de transformação potenciais.

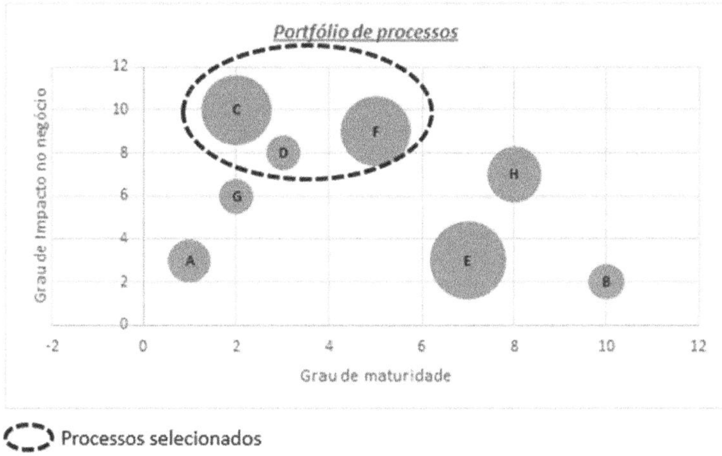

Figura 110

Neste caso os processos C, D e F seriam os candidatos à avaliação da próxima etapa, visando o cálculo de benefício financeiro e esforço.

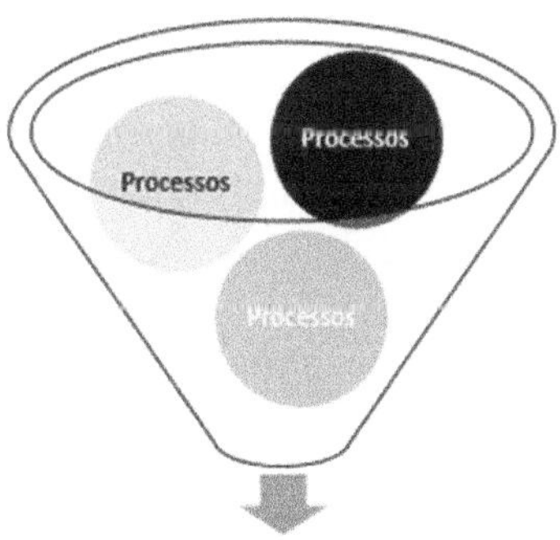

Figura 111

O processo é como um funil que seleciona as melhores oportunidades para serem submetidas à avaliação do comitê.

Um outro instrumento importante ao qual podemos recorrer é a teoria das restrições. Neste caso, é importante visualizar se o processo é um gargalo ou uma restrição do sistema, explorando uma possível oportunidade.

4.1.4. Etapa Avaliação de custo-benefício

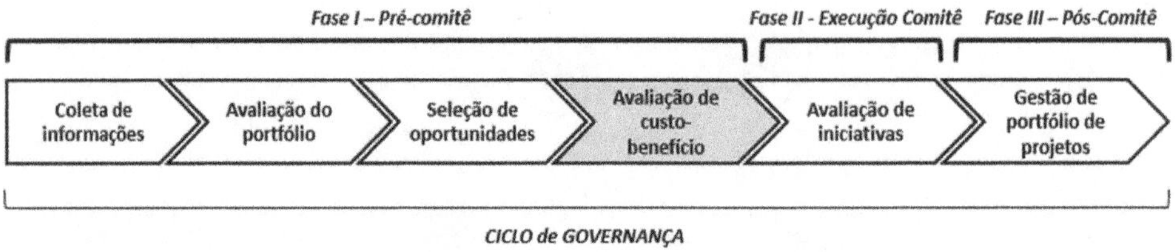

Figura 112

Esta etapa ajuda a quantificar os benefícios e a estimar custos das iniciativas selecionadas na etapa anterior.

Elas serão transformadas em propostas a serem avaliadas no comitê operacional de processos ou executivo. A avaliação de custo-benefício é extremamente importante para justificar a viabilidade e a priorização das propostas.

Os apontamentos de falta de desempenho e risco operacional podem ser transformados em benefícios financeiros, como, por exemplo, o custo evitado no caso de multas.

Pode ser utilizada uma ferramenta automatizada sob a forma de sistema ou planilha eletrônica para auxiliar no cálculo.

Na avaliação das ações podem ser utilizadas as técnicas de TIR, VPL e *Payback*. Para maiores detalhes sobre essas técnicas, vide Anexo 4 – Avaliação de custo-benefício de uma ação.

Juntamente com os resultados, é primordial a apresentação da lógica de cálculo tanto para os custos como para os benefícios.

Exemplo de planilha para cálculo da relação custo-benefício:

	Ação	Investimento	Benefício líquido esperado mensal	Benefício líquido esperado anualizado	Justificativa e racional
1	Desenvolver um programa de treinamentos para os colaboradores temporários em arrumação de apartamemtos do hotel.	R$ 30.000	R$ 75.920	R$ 1.752.200	Redução de 2,5 % no índice de reclamações de clientes em um ano. Implica num aumento de 5,0 % na receita anual.
					Receita anual média = 200 (quartos) * 365 (dias) * 600 (diária média) * 0,8 (taxa de ocupação) = R$ 35.040.000
					Benefício anualizado = R$ 35.040.000 * 0,05 = R$ 1.752.200

Figura 113

Outro exemplo:

	Ação	Investimento	Benefício líquido esperado mensal	Benefício líquido esperado anualizado	Justificativa e racional
1	Ação número 01	R$ 3.000	R$ 800	R$ 9.600	Economia diária (segunda a quinta)
2	Ação número 02	R$ 5.000	R$ 2.000	R$ 24.000	Economia de 10% no desconto de compras em maior quantidade.
3	Ação número 03	R$ 200	R$ 4.000	R$ 48.000	Economia de 20% na quantidade de ingredientes.
4	Ação número 04	R$ 300	R$ 2.000	R$ 24.000	Economia de 10% no desconto de compras com outros fornecedores

Figura 114

A seguir, um exemplo de planilha de fluxo de caixa de despesas e benefícios e resultado de VPL (Valor Presente Líquido). Tem-se investimento inicial de 3.000 e entradas por sete períodos no valor de R$ 830. Obtém-se um VPL de R$ 394 para TMA (Taxa Mínima de Atratividade) de 0,15.

	0	1	2	3	4	5	5	5
Ação 1	R$ 3.000,00	R$ 830,00	R$ 830,00	R$ 830,00	R$ 830,00	R$ 830,00	R$ 830,00	R$ 830,00
	R$ 3.000,00	R$ 830,00	R$ 830,00	R$ 830,00	R$ 830,00	R$ 830,00	R$ 830,00	R$ 830,00
	VPL=	R$ 394,04	TIR =	12%	PB =	4 meses		
	TMA=	0,15						

Figura 115

As iniciativas de processos podem ser classificadas em categorias, como, por exemplo, ações pontuais de melhoria, programas de melhoria contínua, redesenho ou engenharia. Outras categorias podem estar associadas à natureza do problema do processo, como risco operacional ou falta de desempenho. É importante efetuar e documentar o processo de cálculo com um forte embasamento.

A seguir, dois exemplos que auxiliam a tomada de decisão para a avaliação das iniciativas. Esses gráficos devem ser levados para os comitês para subsidiar a tomada de decisão sobre aprovação e priorização de projetos.

Pelo gráfico, são selecionadas as iniciativas B, E, F e H, pertencentes às categorias 1 e 3. Possuem impacto alto e investimento/esforço baixo.

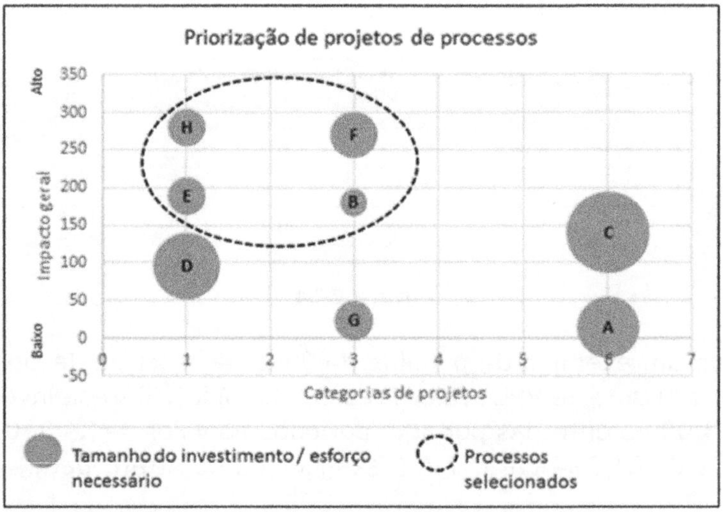

Figura 116

O gráfico a seguir mostra a escolha das iniciativas A e B por apresentarem alto impacto e esforço e investimento baixos.

A matriz de esforço impacto:

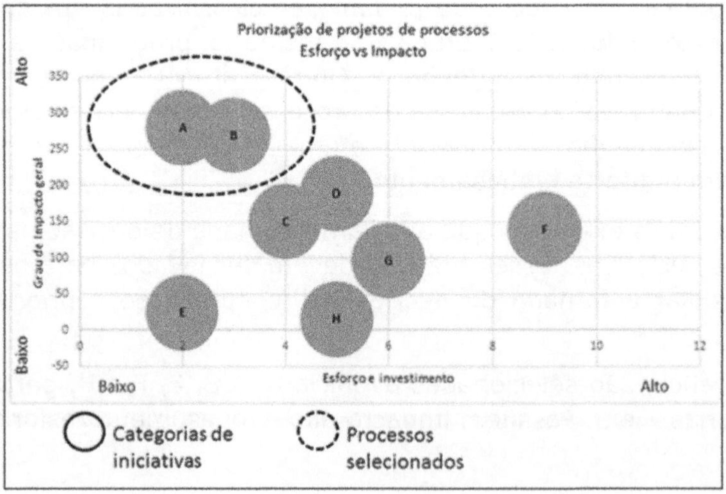

Figura 117

O investimento é o custo de desenvolvimento e implantação, enquanto o esforço pode ser considerado a duração.

4.2. Fase II – Execução comitê

4.2.1. Etapa Avaliação de iniciativas

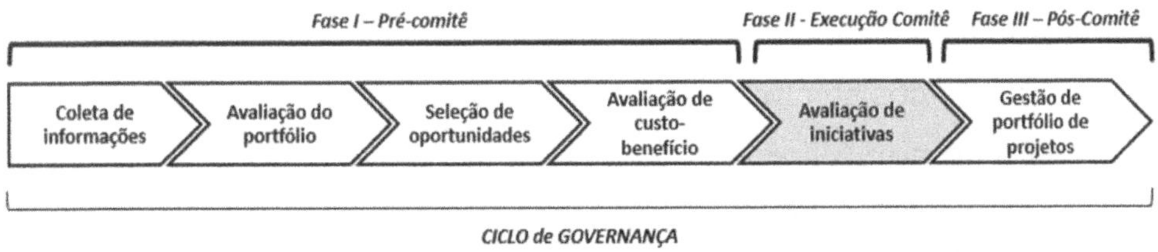

Figura 118

Esta etapa é constituída de ações que ocorrem durante a execução do comitê operacional de processos ou executivo. Com base em uma agenda previamente enviada aos participantes, cabe ao escritório de processos convocar e conduzir a reunião.

Normalmente as atividades adotadas durante a execução de um comitê são:

- Apresentação da agenda.
- Repasse dos pontos pendentes da reunião anterior, mostrando os que estão ainda em andamento, os que foram concluídos e os pendentes com as devidas justificativas.
- Apresentação do portfólio de processos:
  - Resumo dos grandes indicadores: controles, desempenho, maturidade dos processos, riscos operacionais, impactos e apontamentos de não conformidades.
  - Resumo dos status e composição do *mix* de iniciativas de processos por categoria de iniciativas.
  - Resumo do controle orçamentário.
  - Resumo das principais oportunidades encontradas.
- Apresentação das propostas para avaliação e decisão.

De posse das informações coletadas previamente à realização do comitê, o objetivo é analisar as informações de forma consolidada via portfólio. Ato contínuo, são tomadas as decisões pertinentes sobre a aprovação/rejeição e continuidade/paralisação das iniciativas em curso.

Os membros do escritório de processos efetuam o agendamento, a convocação e a condução da pauta estabelecida. Cabe ao comitê analisar e tomar as decisões sobre propostas e iniciativas em andamento. As áreas funcionais e demais áreas internas apresentam suas propostas para avaliação segundo a pauta preestabelecida.

A condução dos comitês pode ser dividida em duas partes:

Avaliação do portfólio de projetos de processos

A primeira parte consiste na visualização do diagnóstico do portfólio de processos, onde os processos são avaliados segundo diversas visões que incluem o *mix* de iniciativas em andamento.

Nessa análise, o comitê pode identificar novas oportunidades e sugerir um maior aprofundamento e análise futura. Nessa atividade é importante possuir o portfólio de processos e o orçamento atualizados.

Exemplo de visualização de portfólio de processos – impacto x categoria x valor do benefício:

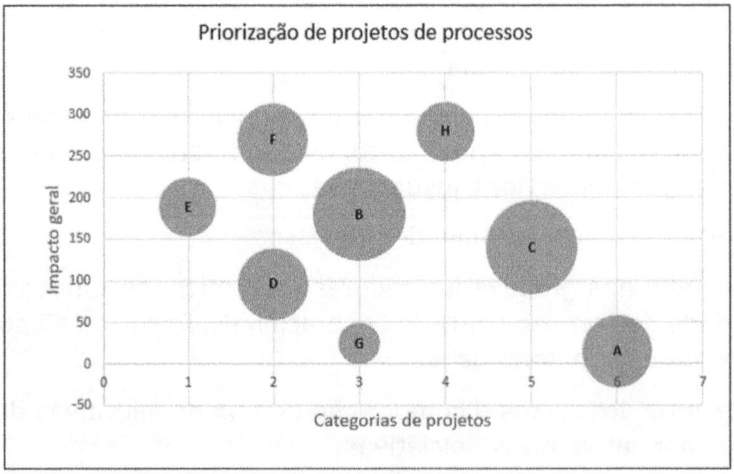

Figura 119

Avaliação das ações e decisão

A segunda parte consiste na avaliação das propostas, em um processo de submissão para aprovação pelo comitê operacional de processos. Neste ponto, já devem ser apresentadas as estimativas de benefícios, impactos, custos e esforços necessários para a execução das ações.

Com base na agenda desenvolvida pelo escritório de processos, as propostas da pauta são avaliadas na sequência e posteriormente priorizadas caso aprovadas. A aprovação é de responsabilidade dos membros do comitê operacional de processos, auxiliado pelo escritório de processos.

Porém, selecionar e aprovar não são sinônimos de priorizar, que é estabelecer uma ordem no tempo acerca de quando os projetos deverão iniciar e finalizar. Eventualmente poderá haver um redirecionamento para avaliação e aprovação para o comitê executivo, dependendo do porte do projeto.

A ata é o instrumento que formaliza todas as decisões do comitê.

A priorização final é feita com o auxílio do escritório de projetos, que possui uma visão das iniciativas já aprovadas, a iniciar e em andamento. Além disso, ele possui a visão de capacidade e recursos disponíveis de toda a organização. É necessário reforçar que outros projetos, não somente os encaminhados pelo escritório de processos, já fazem parte do portfólio de projetos.

O escritório de projetos coordenará uma ordem de execução dos projetos aprovados em um horizonte de tempo e em uma sequência adequados à capacidade da organização. A autorização inicia um projeto e o implementa no portfólio de projetos. Após a implantação, é importante acompanhar a evolução dos benefícios estimados.

Será utilizada a matriz de esforço e impacto para auxiliar na priorização dos projetos.

Exemplo de matriz esforço x impacto:

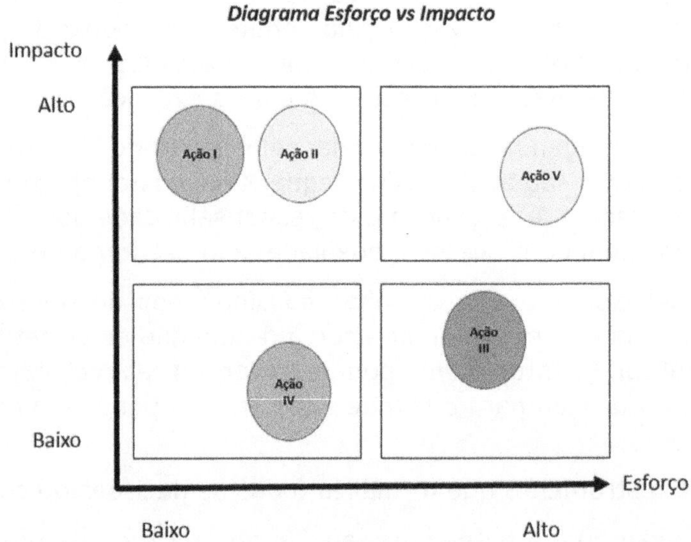

Figura 120

Verifica-se neste exemplo que ações de alto impacto e baixo esforço possuem maiores chances de priorização de execução. Ações de alto impacto e alto esforço também podem ser priorizadas, mas elas devem considerar o comprometimento da capacidade de recursos humanos para executá-las.

Uma decisão é se o projeto será ou não executado. Outro assunto é a sua ordem de execução.

O *roadmap* (cronograma de alto nível) de execução das iniciativas de processos e, se possível, o *roadmap* também dos demais projetos da organização devem ser verificados em conjunto com o escritório de projetos, para o planejamento de execução das iniciativas aprovadas.

Exemplo de *roadmap*:

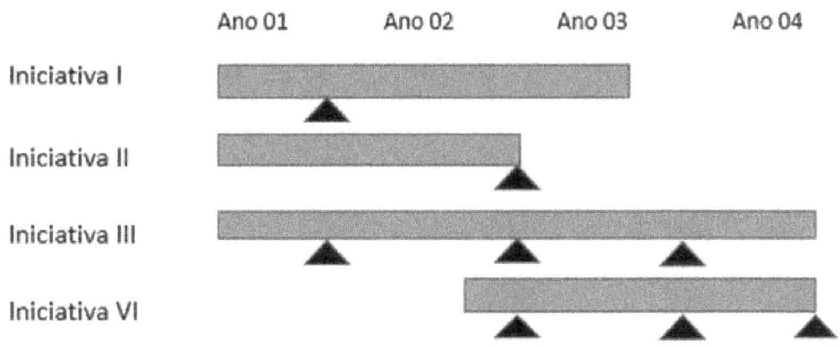

Figura 121

4.3. Fase III – Pós-comitê

O objetivo desta etapa é garantir que as decisões tomadas nos comitês (operacional de processos e executivo) sejam cumpridas e monitoradas.

As atividades desta etapa são:

- Elaboração e distribuição da ata de reunião pelo escritório de processos.
- Comunicação das iniciativas aprovadas para as partes interessadas em conjunto com o escritório de projetos (PMO).
- Acompanhamento da execução das iniciativas para relato regular aos comitês.
- Acompanhamento dos benefícios pós-implantação das iniciativas.

O escritório de processos, baseado nas deliberações registradas na ata, deve promover a operacionalização e o acompanhamento das iniciativas de processos.

Um erro bastante comum nas organizações é considerar que o projeto finaliza após a sua implantação. Ele só se concretiza após verificar se os resultados previstos foram alcançados. Essa ação é muito importante, pois realimenta o processo de governança com lições aprendidas, além de avaliar a existência de um escritório de processos.

Essa operacionalização consiste em:

- Acompanhamento de ações/projetos em conjunto com as áreas parceiras.

- Avaliação de benefícios pós-implantação do projeto onde os resultados obtidos com as ações são comparados em relação ao seu valor estimado.
- Gestão das mudanças ocasionadas pelas transformações dos processos envolvidos.

Cabe aos membros do escritório de processos efetuar todo o trabalho de condução das atividades pós-implantação com o auxílio das áreas parceiras.

4.3.1. Etapa Gestão de portfólio de projetos

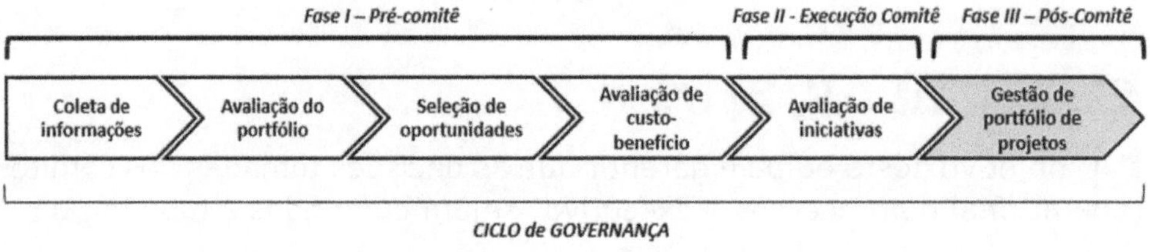

Figura 122

4.3.1.1. Acompanhamento das ações e projetos

Após a decisão de execução das iniciativas, estas devem ser acompanhadas e geridas com a visão de projetos e de portfólio. Eventualmente, o escritório de projetos pode auxiliar na elaboração dos documentos pertinentes ao assunto.

Os instrumentos mais comuns para desenvolver esta tarefa são:

- **Termo de abertura de projeto:** documento que contém as informações resumidas e relevantes do projeto e cujo objetivo é formalizar a autorização de sua execução. As atividades podem ser iniciadas de imediato, dependendo do porte do projeto. Ações de pequena monta não necessitam de autorizações formais, e, como suas aprovações já foram formalizadas, caberá ao escritório de processos conduzi-las em conjunto com as áreas clientes e parceiras. Para as ações de grande porte, os termos de abertura de projeto podem ser elaborados e o gestor e a equipe de projeto são definidos. Essa atividade pode ter eventualmente o auxílio do escritório de projetos.
- **Plano de trabalho e cronograma:** são instrumentos essenciais para o acompanhamento de projetos de qualquer natureza.

4.3.1.2. A avaliação de benefícios pós-implantação do projeto

Após a implantação de uma iniciativa ou projeto, é extremamente importante avaliar os resultados ou benefícios das ações e projetos e verificar se foram eficazes, ou seja, se atingiram o previsto.

A transparência e a divulgação são necessárias para garantir que o papel do escritório de processos esteja sendo efetivamente cumprido.

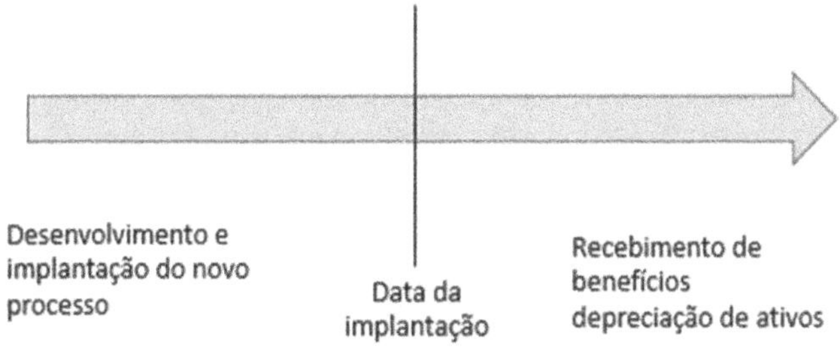

Figura 123

Os benefícios devem ser acompanhados através dos indicadores previamente definidos no início do projeto e que determinaram a sua execução. Eles podem ser visualizados através de gráficos como o de Pareto ou de um gráfico sequencial. Nestes são apresentados os benefícios planejados e os benefícios reais obtidos.

Exemplo de avaliação de indicador antes e depois da implantação da iniciativa, reduzindo o indicador de falhas:

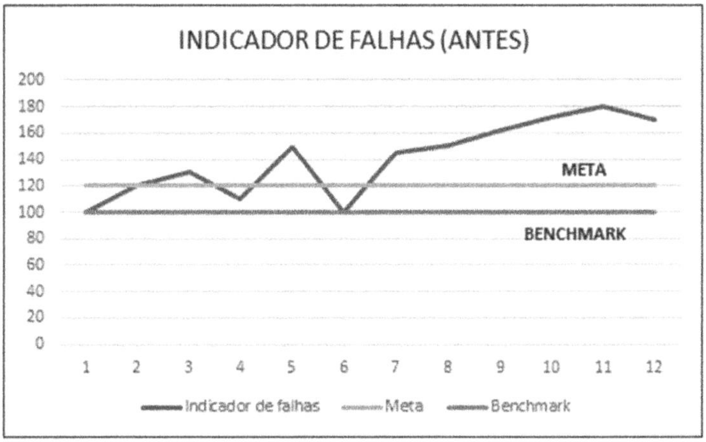

Figura 124

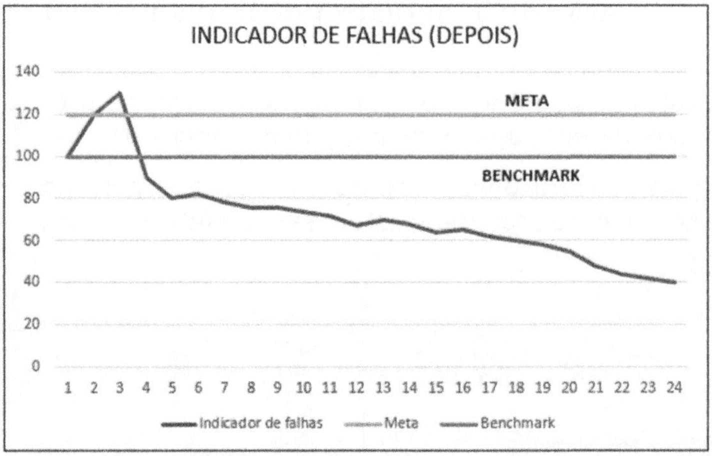

Figura 125

Exemplo de gráfico de Pareto antes e depois da implantação da iniciativa, reduzindo a quantidade de reclamações de clientes:

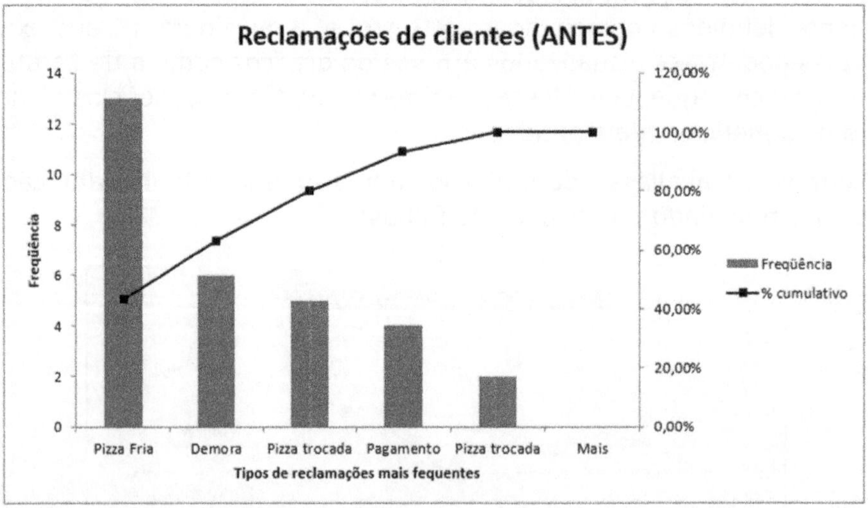

Figura 126

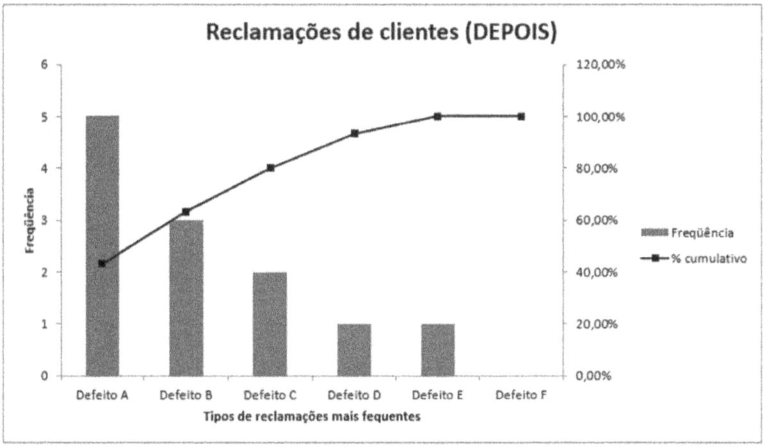

Figura 127

O escritório de processos, em conjunto com os comitês e donos dos processos, determina o tempo de acompanhamento de cada ação após a sua implantação.

Caso o projeto seja ativado, após a implantação inicia-se a sua depreciação. Esta pode ser uma forma justa de visualizar os benefícios de um projeto, uma vez que as suas despesas começam a incidir exatamente quando começa a entrada das receitas. Dessa forma, haverá um casamento entre as despesas e receitas do empreendimento (para maiores detalhes veja Anexo 4 – Avaliação de custo-benefício de uma ação).

4.3.1.3. Gestão de mudanças nas ações de transformação

Esta etapa tem o objetivo de minimizar os impactos decorrentes das iniciativas de transformação dos projetos. Essas mudanças abrangem quatro frentes: gestão da comunicação, capacitação, engajamento de *stakeholders* e gestão dos impactos.

A frente de comunicação provê a informação para todos os *stakeholders* (partes interessadas) em relação ao andamento e aos resultados das ações e dos projetos.

Exemplo de mapa de comunicação:

Comunicação e engajamento							
ID	Atividade	Público-alvo	Responsável	Conteúdo	Status	Data prevista	Data real
1	1a. Comunicação do projeto	Corporativo	Escritório de processos	Objetivos	Previsto	01/12/2015	
2	2a. Comunicação do projeto	Gestores	Escritório de processos	Benefícios	Previsto	A definir	
3	1a.Boletim do projeto	Corporativo	Escritório de processos	Andamento do projeto	Previsto	A definir	
4	3a. Comunicação do projeto	Gestores	Escritório de processos	Andamento do projeto	Previsto	A definir	
5	1a. Ação de engajamento	Gestores	Escritório de processos	A definir	Previsto	A definir	

Figura 128

Exemplo de ações de comunicação detalhadas de curto prazo:

Mensagem	Público	Qtde colaboradores	Canal	Status	DT prevista
Kick-off do projeto	Gestores	15	Presencial	A iniciar	14/11/2015
Comunicação semanal	Gestores e usuários	100	E-mail	A iniciar	A definir
Atividade de engajamento	Gestores	15	Presencial	A iniciar	A definir
Comunicação semanal	Gestores e usuários	100	E-mail / Intranet	A iniciar	A definir
Atividade de engajamento	Gestores	15	Presencial	A iniciar	A definir

Figura 129

A capacitação objetiva garantir que os colaboradores impactados recebam constante treinamento em relação aos novos requisitos exigidos pela transformação dos processos.

Exemplo de mapa de capacitação:

Atividades de capacitação												
	Treinamento	Natureza	Conteúdo	Período de aplicação	Responsável pela condução	Suporte na condução	Duração	Público-alvo	Modo	Comunicação	Ferramentas de apoio	Observação
1	E-learning (teste piloto)	Piloto	Módulos 1 a 10	17/05 a 13/06	Escritório de processos	Gerência de treinamento	Em média 30 minutos.	Grupo piloto do projeto	Remoto	Gerência de treinamento	Planilha de acompanhamento de execução e resultados do E-learning + Relatório de avaliação de reação	
2	Capacitação presencial (teste piloto)	Piloto	Módulos 1 a 10	16/06 a 20/06	Escritório de processos	Gerência de treinamento	8h	Grupo piloto do projeto	Treinamento em sala de aula	Gerência de treinamento	Relatório de avaliação de reação	Formato das mesas em U. Equipamento de projeção.
3	E-learning usuários finais	Preparação para Roll out	Módulos 1 a 10	16/06 a 11/07	Escritório de processos	Gerência de treinamento	Em média 30 minutos.	Todos os usuários finais	Remoto	A comunicação será feita pelo RH	Planilha de acompanhamento de execução e resultados do E-learning + Relatório de avaliação de reação	
4	Palestra de funcionalidades	Preparação para roll out	Módulo 1 a 10	24/06 a 11/07	Escritório de processos	Gerência de treinamento	8h	Usuários finais, Líderes, Coodenadores e gerentes de projetos	Treinamento em sala de aula	A comunicação será feita pelo RH	Relatório de avaliação de reação + Lista de presença + Controle de agendamento de salas e instrutores	Formato sala de aula. Equipamento de projeção.

Figura 130

O engajamento de *stakeholders* visa eliminar barreiras e resistências ocasionadas por falta de entendimento ou comunicação das propostas.

Os *stakeholders* podem pertencer a várias categorias, dependendo de sua posição hierárquica, capacidade de influência, conhecimento do processo e grau de interação e impacto pós-implantação. O importante é mapeá-los todos na partida.

Os impactos devem ser monitorados constantemente para serem estabelecidas contramedidas e ações de mitigação.

A seguir, quadro de acompanhamento de impactos que mostra quais ações de mitigação de impacto estão em andamento e quais não estão.

	Processo	Mudança	Impacto	Status	Responsável	Dt implantação prevista	Dt implantação real	Risco	Plano de ação
1	Treinamento sobre o processo #01	Desenvolver um programa de treinamento para os colaboradores	Novos procedimentos e sistema para utilização	Em andamento	Gerente adminstrativo	31 de janeiro			
2	Treinamento sobre o processo #02	Desenvolver um programa de treinamento para os colaboradores transferidos para outras áreas	Adaptação na nova área	Em andamento	Gerente de compras	31 de janeiro			
3	Comunicação fornecedores	Desenvolver e implantar os novos procedimentos	Novo procedimento para utilização	Em andamento	Especialista + Supervisores	31 de janeiro			

Figura 131

Capítulo 5

Automação de processos

5.1. BPMS (*Business Process Management Suite*)

A implantação de um escritório de processos e de sistemas automatizados de gestão de processos muitas vezes pode não ocorrer de forma simultânea.

Sistemas de gestão de processos (BPMS) são conjuntos de ferramentas (softwares) que objetivam modelar, documentar, simular, automatizar e monitorar processos.

Possuem os seguintes benefícios:

- Agilizar o desenvolvimento e a implantação de sistemas automatizados.
- Reduzir os custos de automação.
- Padronizar e agilizar processos.
- Implantar controles automatizados.

Um sistema BPMS pode conter uma ou mais de três funcionalidades básicas:

- **Documentação:** possui a função de documentação de procedimentos com *templates* que facilitam o mapeamento e o seu registro e formulários que relacionam vários atributos de procedimentos, como identificadores de responsabilidade, centro de custo e controle de documentação. O sistema pode se integrar com a estrutura organizacional da empresa, conectando cada um dos colaboradores aos seus processos.

- **Modelagem:** além da documentação, possui a funcionalidade de modelagem de processos através da utilização de *templates* e facilidades de desenho. A implantação de *workflows* pode fazer parte desta funcionalidade, incluindo indicadores de desempenho e de controle.
- **Simulação:** uma função ainda pouco explorada é a simulação de processos. Nesse caso, podem ser aplicadas diversas técnicas, como, por exemplo, a teoria de filas, modelos de distribuição estatística, custeio ABC, teoria das restrições, programação linear, entre outros.

Desafios:

- Por que automatizar? O grande desafio não está na seleção da ferramenta de automação e sim em entender a sua necessidade. Automatizar os processos, sem ter claro um objetivo ou problema de negócio definido, poderá trazer frustrações logo no projeto piloto, fazendo com que um programa seja descontinuado por trazer resultados pífios.
- Uma vez definidos os objetivos de curto, médio e longo prazos e com justificativas baseadas em benefícios concretos, pode-se partir para a fase de seleção de ferramentas. O desafio é selecionar a ferramenta adequada à necessidade e à cultura da organização, e não por indicação ou modismo. Aconselha-se efetuar um *business case* (estudo de viabilidade técnica, funcional, comercial e financeira) para subsidiar essa escolha com rigor e transparência.
- Verificar, por exemplo, se existe a necessidade de um módulo de simulação ou se os colaboradores possuem conhecimento para utilizar essa funcionalidade. Verificar se a proposta é somente automatizar processos, documentar ou modelar.
- Uma vez selecionada a ferramenta, é importante escolher os projetos pilotos adequados. Não opte pelos muito simples, pois trarão pouco impacto no resultado do negócio. Por outro lado, a opção por um sistema impactante mas altamente complexo necessitará de um grande esforço e um prazo que a alta administração pode não estar disposta a esperar.
- Finalmente, deve-se ficar atento à integração com os sistemas legados. Esse ponto poderá exigir grande esforço de customização.

5.2. ERP (*ENTERPRISE RESOURCE PLANNING*)

O ERP é um sistema integrado de automação de processos organizacionais que objetiva padronizar processos utilizando as melhores práticas de mercado. É implantado quando se deseja reduzir custos operacionais e de manutenção, aumentar a qualidade e reduzir erros.

O ERP pode abranger, por exemplo, as funcionalidades de gestão de pagamentos, gestão de compras, gestão de ativos e patrimônio, gestão de manutenção de edifícios e equipamentos, gestão de projetos, gestão financeira e gestão de recursos humanos. Normalmente são pacotes customizáveis e eventualmente são desenvolvidos módulos específicos para cada finalidade e integráveis aos sistemas legados do cliente. Pode ser implantado em empresas de portes diferenciados.

Benefícios:

- Padronização e redução de variabilidade nos processos.
- Incorporação e utilização de práticas correntes de mercado.
- Redução de custos por eliminação de erros e diminuição de esforço.
- Integração entre módulos funcionais e com sistemas legados, facilitando a consolidação das informações.
- Integridade de dados e eliminação de redundância de informações.

Desafios:

- **Custo para implantação:** usualmente, não só um sistema ERP é de alto custo, como o esforço para implantá-lo também o é. O porte da organização deve ser considerado, além da complexidade, variedade e quantidade de funcionalidades que serão automatizadas. Existem ainda os custos de licenças e a integração com sistemas satélites.
- **Gestão de mudanças:** a implantação de um sistema ERP é um grande projeto de transformação. Surgem novas funções e atribuições que alteram os procedimentos operacionais. Dessa forma, muitos dos colaboradores que estavam vinculados às funções anteriores podem não estar preparados para assumir novas responsabilidades. É necessário um forte trabalho de gestão de mudanças atuando nos pilares de comunicação, capacitação, engajamento e análise de impacto nas funcionalidades afetadas.
- **Treinamento dos colaboradores:** a gestão de mudanças incorpora esta atividade. O importante é considerar ambos os grupos:

time de projeto de implantação e usuários. Os usuários, além de utilizarem funções distintas, poderão ter um grau de atuação maior ou menor na função. Ou seja, haverá os chamados *heavy users*, *light users*, gestores, etc. Considere também os diversos formatos disponíveis para suporte ao treinamento, além do tradicional manual de procedimentos. Leve em conta, dependendo da localização e do tipo de público-alvo, o formato de cursos presenciais, ensino à distância e *e-learning*.

- **Comunicação constante:** a comunicação também é uma das atividades da gestão de mudanças. Especial atenção deve ser dada à manutenção contínua da comunicação para gestores e colaboradores que serão afetados pela implantação do sistema.
- **Integração com sistemas legados:** sistemas ERP precisam alimentar e ser alimentados por sistemas legados. Pode haver um grande esforço de customização dessas interfaces originadas desses sistemas.
- **Grau de customização:** o objetivo extremo de uma implantação é não haver customização nenhuma. Porém, raramente esse fato ocorre, e deve ser estabelecido um processo forte de governança para avaliar e aprovar as necessidades de customizações durante a execução do projeto.
- **Planejamento e desenho:** quando não há investimento em desenho, planejamento, testes e simulações, o projeto fatalmente cai na armadilha do retrabalho. Dessa forma, é importante dedicar um grande esforço às atividades de planejamento, desenho e simulação para reduzir ao máximo o esforço de retrabalho na fase *TO BE* e pós-implantação.
- ***Business case*:** deve ser feito antes da escolha do sistema ERP, para avaliar a ferramenta de forma correta e completa.
- **Definir requisitos:** é importante investir em planejamento e definir claramente os requisitos, as funções que serão automatizadas e o que fará parte do escopo do projeto (delimitação). Nesse caso, um modelo operacional *TO BE* é uma excelente ferramenta para a delimitação de funções e definir o que será especificado e automatizado.

Esquema dos módulos típicos de um sistema de ERP:

Figura 132

Estes são alguns dos módulos existentes em um sistema de ERP. A vantagem reside na forte integração entre as funcionalidades, evitando inconsistências e aumentando a integridade entre bases de dados.

5.3. *WORKFLOW*

O *workflow* é um sistema de fluxo de trabalho automatizado. É utilizado em estações de trabalho que requerem, por exemplo, as funções básicas de elaborar, revisar, aprovar, monitorar e publicar.

- **Conservação de conhecimento:** as estações de trabalho podem executar cada atividade do processo (instância) de forma assíncrona. Uma das grandes vantagens do *workflow* é que as regras de negócio contidas no fluxo automatizado determinam os caminhos a serem percorridos. As regras de negócio estão embutidas nos fluxos de trabalho, permitindo que o conhecimento permaneça na organização, sem risco de deixar a empresa quando da saída de um colaborador. Outro benefício é que, por ser mais simples, o esforço para a automação tende a ser menor.

- **Agilidade:** adicionalmente, com o surgimento de uma gama de ferramentas de automação BPM, estas podem facilitar a geração de código, reduzindo o esforço de desenvolvimento. Outra facilidade é que os fluxos de trabalho se integram com as ferramentas de e-mail – e as atividades de aprovação, que podem tomar muito tempo, são agilizadas.

- **Controles:** regras com *timing* para alertar e escalar sobre os atrasos também podem auxiliar no aumento da eficiência do processo. As regras automatizadas também reduzem a variabilidade da entrega e consequentemente aumenta a qualidade do processo.
- **Integração:** o *workflow* também pode ser acoplado a um sistema GED (Gerenciamento Eletrônico de Documentos), eliminando documentos em papel. Os status das instâncias são rapidamente verificados, apontam atrasos e gargalos e agilizam o processo.
- **Eficiência e eficácia:** finalmente, além de aumentar a velocidade de entrega e a qualidade, ocorre também a redução de custos pela diminuição do esforço para executar a tarefa. Como exemplos temos a solicitação e a aprovação de viagens, reembolsos, férias e documentação.

A seguir, exemplo de *workflow* para elaborar, revisar e aprovar procedimentos operacionais.

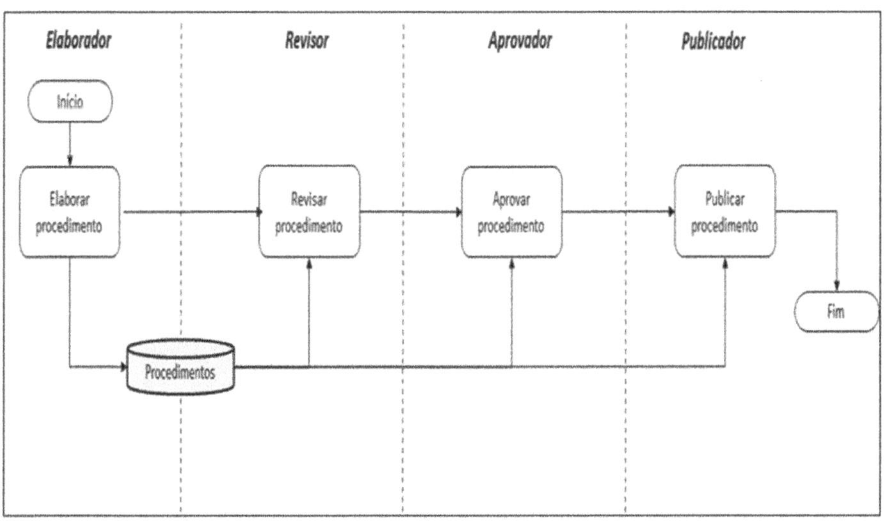

Figura 133

Capítulo 6

Estudo de caso – Implantando e conduzindo um escritório de processos

6.1. Descrição da empresa e do negócio

A empresa HAMBURG é uma rede de franquias especializada em fazer sanduíches do tipo hambúrguer. Além da matriz localizada na cidade de São Paulo, possui mais 19 lojas franqueadas distribuídas nas principais regiões da cidade.

6.2. Histórico

A empresa foi fundada em 1990 na zona oeste da cidade. Em vinte anos, devido à qualidade de seus produtos e de seu atendimento, conquistou o público da região e apresentou um grande sucesso e crescimento em vendas. Em 2010, optou por aumentar a sua receita e presença no mercado através de um processo de abertura gradativa de franquias.

6.3. Produtos

Atualmente, para atender a sua rede de franquias, possui um cardápio de dez tipos de sanduíches, combinando com sete tipos de acompanhamentos, três tipos de molhos, cinco tipos de sobremesas e uma variedade de bebidas.

6.4. Estrutura organizacional

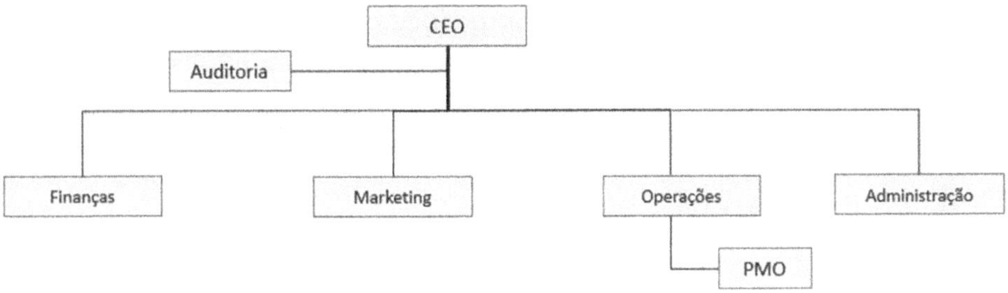

Figura 134

A administração central (franqueador) está dividida em três gerências (finanças, marketing e operações) e uma diretoria de administração.

A estrutura possui um escritório de projetos (PMO) que está vinculado diretamente à área de operações. Possui também uma gerência de auditoria que atua de forma independente das demais áreas e responde diretamente ao CEO.

6.5. Cadeia de valor

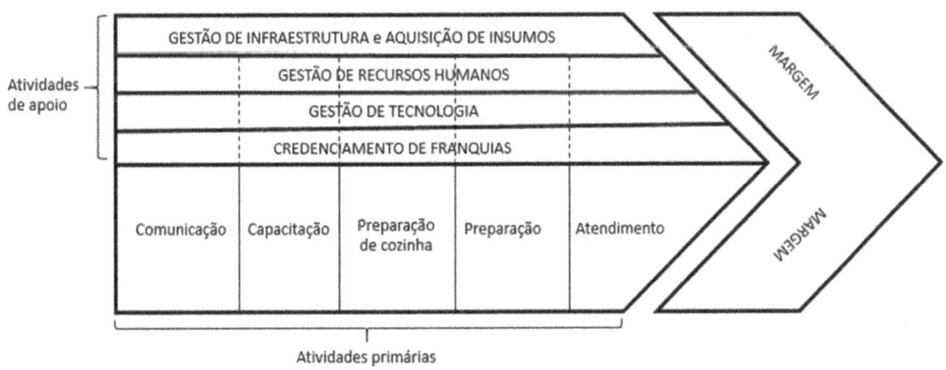

Figura 135

A cadeia de valor da hamburgueria começa com a aquisição, o recebimento e o estoque da matéria-prima. Na operação, existe o macroprocesso de preparação da cozinha, o atendimento (recebimento e entrega do pedido), o recebimento do pagamento, a preparação do sanduíche e a montagem do pedido completo com os complementos (acompanhamentos, molhos e bebidas).

Além da operação, existem macroprocessos de suporte compostos pela gestão de recursos humanos, pela tecnologia, pelo credenciamento e pela gestão de franqueados.

6.6. LAYOUT DA LOJA MATRIZ

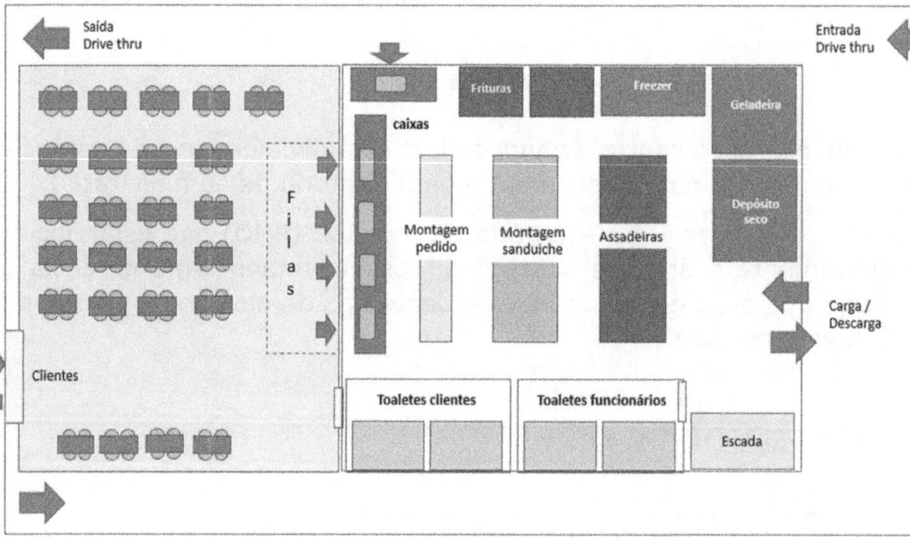

Figura 136

O layout típico de uma loja é constituído de uma área de alimentação com mesas e cadeiras.

Existem os caixas que efetuam o atendimento, o recebimento do pagamento e a entrega do pedido.

Na cozinha, existem locais de armazenamento de matéria-prima, com geladeiras, grelhas e chapas de preparação, bancadas de montagem de pedidos e locais de frituras.

Existe uma calha de armazenamento intermediário de sanduíches prontos.

Adicionalmente, existe um *drive thru* com a utilização de um atendente.

6.7. Principais indicadores (todas as lojas) monitorados pela administração central

- Crescimento de faturamento.
- Perdas.
- Reclamações de franqueados.
- Reclamações de clientes.
- Custos totais sobre faturamento.
- Lucratividade líquida.

Gráfico histórico do faturamento desde a inauguração:

Figura 137

As receitas são crescentes desde a inauguração até 2010. A partir desse ano iniciou-se a fase de abertura de franquias. Percebe-se um aumento da quantidade de lojas e uma queda acentuada de receita por loja.

Gráfico do índice de perdas médio por loja:

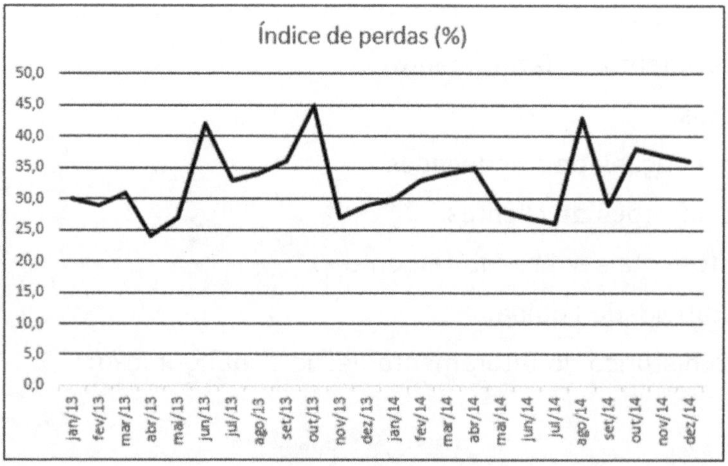

Figura 138

O índice de perdas médio é alto, em torno de 35%, sendo que a média do setor é de 20%.

Gráfico do índice de quantidade de reclamações totais (franqueados e clientes):

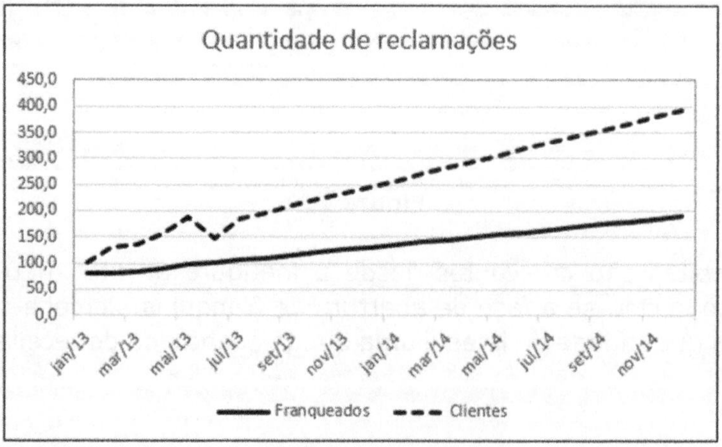

Figura 139

A quantidade de reclamações de franqueados e clientes é crescente há um ano. Atualmente está em 200 e 400, respectivamente.

Gráfico do índice de desempenho geral (média) de custos totais sobre o faturamento e lucratividade líquida:

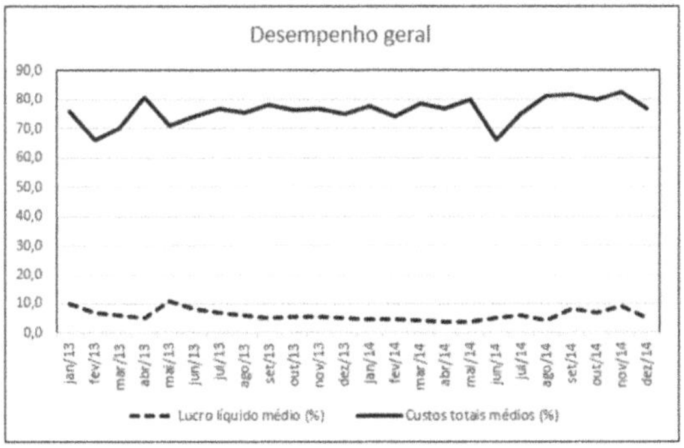

Figura 140

O desempenho geral está aquém do desejado, pois apresenta um lucro líquido médio de 8% e um custo total de 75%. O padrão do setor é, respectivamente, de 15% e 60%.

6.8. Principais problemas

O quadro de desempenho mostra que ambos os custos e o lucro líquido estão bastante afastados dos padrões de mercado. Além disso, acredita-se que a quantidade de reclamações dos clientes e franqueados está relacionada com a queda de qualidade do serviço e com o custo da operação.

Isso levou a uma queda acentuada de vendas e consequentemente de faturamento de vários franqueados.

6.9. As demandas da alta administração

A alta administração, composta pelo CEO e pelos gestores das áreas de operação, administração, finanças e marketing, convocou o gerente do escritório de projetos e o gerente de operações para que estudassem e buscassem uma solução para o problema.

Decidiu-se pela montagem de um grupo piloto dedicado exclusivamente a tratar desse assunto, em caráter prioritário.

O grupo de trabalho foi constituído pelo gerente de operações, o gerente do escritório de projetos, o gerente de finanças e um analista de cada área, totalizando seis colaboradores.

Um comitê de avaliação da evolução e dos resultados dos trabalhos foi composto pelo CEO e pelos gestores das áreas de auditoria, marketing e administração.

O comitê solicitou que em princípio a quantidade total de reclamações de franqueados e clientes fosse reduzida de 200 e 400, respectivamente, para um patamar de 30 e 100 em um prazo de cinco meses. Além disso, solicitou que a taxa de perdas fosse reduzida de 35% para 15% no mesmo período. Os custos totais deveriam ser reduzidos de 75% para 55% e o lucro líquido deveria aumentar de 8% para 20%.

6.10. Principais pontos identificados

Em uma primeira avaliação, o comitê e a equipe piloto identificaram algumas questões críticas:

- Os procedimentos operacionais estavam bastante desatualizados, tanto nos franqueados como na própria administração central.
- Existiam problemas de comunicação sobre a atualização de produtos, promoções, regras e novos procedimentos com todos os franqueados.
- Existia a falta de treinamento sobre procedimentos para todos os franqueados.
- Grande parte dos colaboradores da administração central desconhecia os procedimentos operacionais dos franqueados.

Nesse contexto, decidiu-se que deveria ser iniciado um grande movimento de governança em qualidade e desempenho de processos na administração central e na operação dos franqueados.

6.11. Planejar a governança

Inicialmente, a equipe de projeto precisou definir um cronograma prévio.

FASE	Etapa	Situação	Períodos
I	Planejar implantação da governança	A iniciar	
I	Desenvolver projetos piloto	A iniciar	
I	Decisão de continuidade	A iniciar	
II	Definir processo de governança	A iniciar	
II	Definir arquitetura	A iniciar	
II	Definir componentes do portfólio de processos	A iniciar	
II	Definir métodos, técnicas e ferramentas	A iniciar	
II	Mapear portfólio de processos	A iniciar	
II	Gestão de mudança da governança de processos	A iniciar	
III	Preparação do primeiro comitê de governança de processos	A iniciar	
III	Condução do primeiro comitê	A iniciar	
III	Execução das ações aprovadas	A iniciar	
III	Avaliação dos resultados das ações	A iniciar	
III	Gestão de mudança da governança das ações	A iniciar	

Figura 141

O projeto foi dividido em três fases:

- Planejar e desenvolver um projeto piloto para avaliar se estavam no caminho certo.
- Estruturar e implantar um processo de governança.
- Operacionalizar a governança de processos.

Foi acordado que a equipe do projeto deveria apresentar sistematicamente o status de andamento e os principais resultados do trabalho para o comitê, para os proprietários das franquias (franqueados) e para todos os colaboradores da administração central.

Adicionalmente, os seis membros da equipe do projeto piloto (gestores e analistas) foram capacitados por uma consultoria externa nos principais métodos e técnicas de gestão de processos e análise e solução de problemas.

O primeiro piloto escolhido para testar os conhecimentos da equipe e iniciar as ações foi a melhoria do processo de compras e abastecimento dos franqueados. Grande parte das reclamações dos franqueados concentrava-se neste processo.

Assim, esperava-se reduzir as reclamações de franqueados sobre a variabilidade das entregas, a falta de produtos e os desperdícios ocasionados por sobras.

6.12. AÇÕES DE GESTÃO DE MUDANÇAS

Este plano de gestão de mudanças é diferente dos planos de gestão de mudanças dos projetos de melhoria ou redesenho de processos. Ele abrange toda a organização na estruturação e implantação de um processo de governança e não se refere à gestão de mudanças ocasionadas pela transformação de determinados processos.

6.12.1. Capacitação, comunicação e gestão de mudanças para implantação do escritório de processos

Paralelamente às atividades do processo de governança, foi definido um plano de capacitação e um plano de comunicação conduzido pela equipe de projeto piloto para auxiliar o processo de disseminação de conceitos, métodos, ferramentas e técnicas pela organização. O público-alvo foram os gestores e colaboradores da administração central e os proprietários franqueados.

Matriz de capacitação:

MATRIZ DE CAPACITAÇÃO							
ID	*Título*	*Assunto da Capacitação*	*Ação Esperada*	*Público-Alvo*	*Meio ou Método de capacitação*	*Responsável*	*Período*
0	*Capacitação da equipe de processos*	*Visão geral, objetivos e benefício das ações*	*Entendimento dos fundamentos de gestão de processos*	*Escritório de processos*	*Presencial - workshop*	*Equipe de processos*	*mai/15*
1	*Capacitação dos gestores do franqueador*	*Visão geral, objetivos e benefício das ações*	*Entendimento dos fundamentos de gestão de processos*	*Gestores*	*Presencial*	*Equipe de processos*	*jun/15*
2	*Capacitação dos gestores dos franqueados*	*Visão geral, objetivos e benefício das ações*	*Entendimento dos fundamentos de gestão de processos*	*Gestores franqueados operação*	*Presencial*	*Equipe de processos*	*jul/15*

Figura 142

Além do treinamento inicial para a equipe, foi ministrado outro treinamento, em gestão de processos e análise e solução de problemas, para três franqueados e cinco analistas que participaram do projeto piloto.

Um processo de comunicação, conduzido pela área de marketing através de e-mails, *workshop* presencial e um vídeo institucional com o CEO, compôs o material de divulgação. Reuniões sistemáticas da equipe do projeto foram feitas semanalmente e quinzenalmente com o comitê.

Matriz de comunicação:

MATRIZ DE COMUNICAÇÃO							
ID	Título	Assunto da Informação	Ação Esperada	Público-Alvo	Meio ou Método da Comunicação	Emissor	Periodicidade
		(o que precisa ser comunicado)	(Por que deve ser comunicado)?	(Quem deve ser informado)	(Como deve ser comunicado)	(Responsável por comunicar)	(Ou momento)
0	Visão geral do programa	Objetivos e benefícios do Escritório de processos	Entendimento dos principais objetivos e benefícios	Franqueador	Workshop e email	Gestão de RH (Geral)	Pontual
1	Status do programa	Status do cronograma e principais riscos e issues	Divulgar informações relevantes e atualizadas da implantação para principais stakeholders	Franqueador	E-mail	Gestão de RH (Geral)	Quinzenal

Figura 143

6.13. Engajamento

6.13.1. Franqueados

O primeiro desafio foi convencer os franqueados de que o projeto era importante para a empresa e que traria grandes resultados. Seria importante mostrar que existiria um retorno financeiro, além de ganhos de qualidade na sua implantação. Foi conduzido um *workshop* presencial e um vídeo institucional foi distribuído a todos os franqueados, para mostrar os princípios da iniciativa. Também foi mostrado no *workshop* como o projeto seria conduzido e os resultados esperados.

6.13.2. Pares

O segundo desafio foi conseguir o apoio das áreas parceiras da administração central. O vídeo institucional foi exibido e foi feita uma apresentação presencial para todos os gestores (gerentes e coordenadores) das áreas envolvidas. Foram programados treinamentos e palestras ao longo de um ano sobre gestão de processos para ajudar a engajá-los no projeto.

6.13.3. Colaboradores

Os colaboradores das áreas administrativas e das franquias seriam os parceiros na execução dos projetos de processos.

Foi criado um fórum operacional mensal com representantes de todas as áreas da administração central para obter e fortalecer o engajamento e comunicar resultados e andamento do projeto.

Outra forma importante de engajamento seria treiná-los. As áreas da administração central e os franqueados, através de seus gestores, encaminharam alguns nomes para treinamento em análise e solução de problemas. A equipe de projetos que havia sido treinada anteriormente se encarregou de ministrá-lo.

6.14. EXECUÇÃO DO PROJETO PILOTO

Seis semanas após a criação do grupo, obteve-se um resultado expressivo de redução de reclamações e, como consequência, um resultado financeiro.

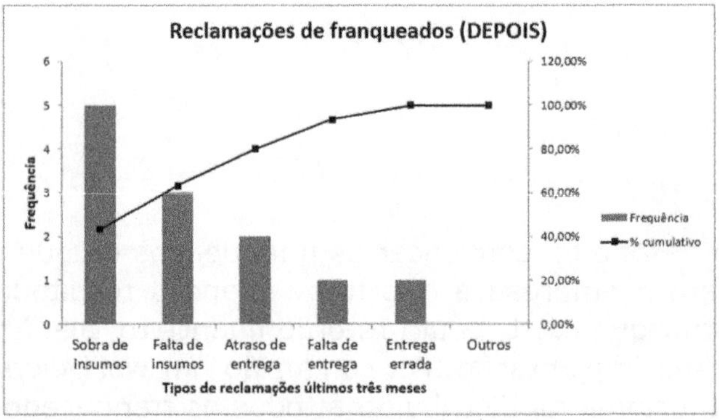

Figura 144

Em dois meses de operação, houve uma economia de aproximadamente R$ 50 mil por mês em todos os franqueados, para um investimento em padronização de procedimentos em torno de R$ 200 mil. O retorno do investimento seria de quatro meses.

Com os resultados positivos advindos do projeto piloto, o comitê executivo decidiu pela continuidade do projeto de governança de processos e pela criação formal de um novo departamento denominado escritório de processos.

6.15. ESTRUTURAÇÃO DO PROCESSO DE GOVERNANÇA

O escritório de processos foi formado pelos três analistas originais e liderados por um novo gestor recém-promovido, originado da área de operações, que havia participado do projeto piloto.

Um novo comitê foi formado pelo CEO, pelo diretor administrativo, por todos os gerentes funcionais, pelo gerente de auditoria, pelo gerente do PMO e pelo escritório de processos. Decidiu-se que este comitê se reuniria inicialmente uma vez ao mês e, após seis meses de operação, trimestralmente.

O comitê operacional de processos foi formado pelos três gerentes funcionais, pelo gerente do PMO e por integrantes do escritório de processos. Decidiu-se que este se reuniria quinzenalmente e, após seis meses de operação, mensalmente.

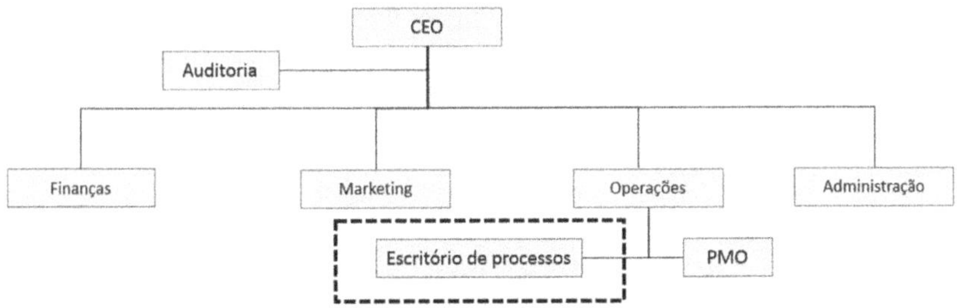

Figura 145

Com base na experiência anterior, decidiu-se que os franqueados e colaboradores da administração central eram essenciais para a sugestão e elaboração de propostas de inovação e melhoria. Dessa forma, foi definido que o escritório de processos, na figura do guardião de um processo de governança e qualidade, capturaria as propostas e demandas dos franqueados e da administração central e os auxiliaria na formatação e análise do cálculo de custo-benefício. Depois, consolidaria e agendaria a apresentação das propostas aos comitês operacionais e executivo.

O quadro a seguir mostra o esquema geral de captura, avaliação e consolidação de demandas:

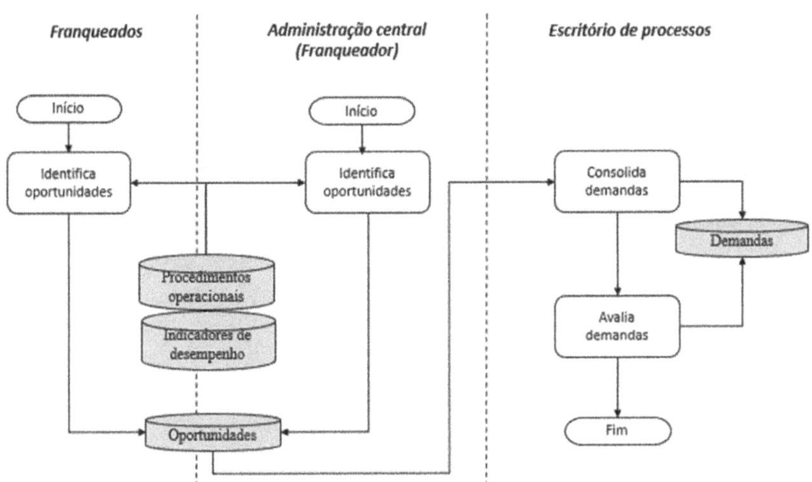

Figura 146

O quadro a seguir mostra o papel do comitê de processos na avaliação e aprovação das propostas.

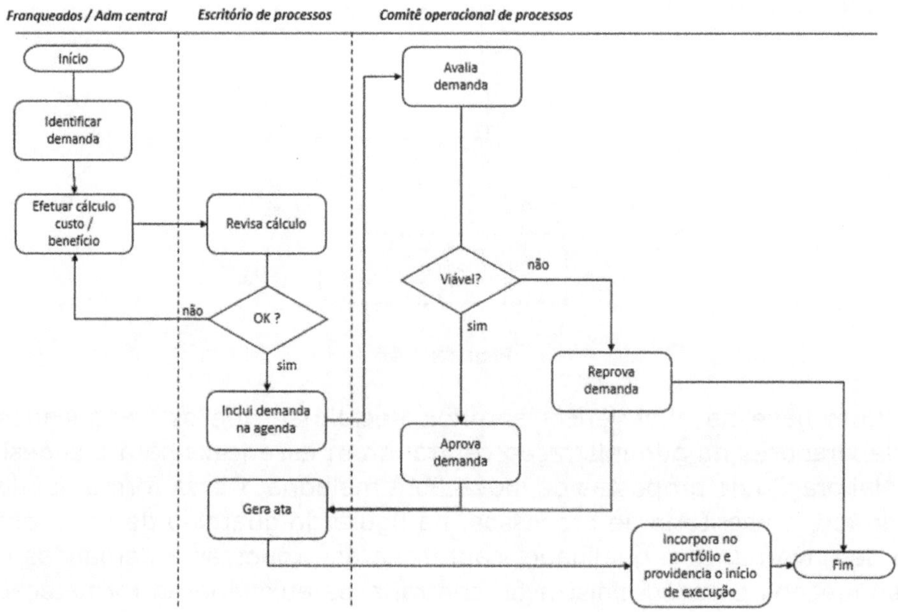

Figura 147

6.16. Definição de componentes do portfólio de processos

Inicialmente, foi necessária a definição de uma arquitetura de processos através da classificação e de um agrupamento. Foram definidos os níveis de macroprocesso, processo e atividade e os agrupamentos segundo um modelo operacional.

Classificação e agrupamento de processos de operações:

Nível	Componente
Operação	Operação
Macroprocesso	Atendimento
Processo	Receber pedido
Processo	Receber pagamento
Processo	Entregar pedido
Macroprocesso	Preparação
Processo	Preparar hambúrguer
Processo	Montar pedido
Processo	Finalizar pedido
Macroprocesso	Compras
Processo	Efetuar pedido COMPRAS
Processo	Efetuar pagamento
Macroprocesso	Armazenagem
Processo	Receber insumo
Processo	Armazenar

Figura 148

Modelo proposto para a operação de uma loja:

Modelo operacional de atendimento

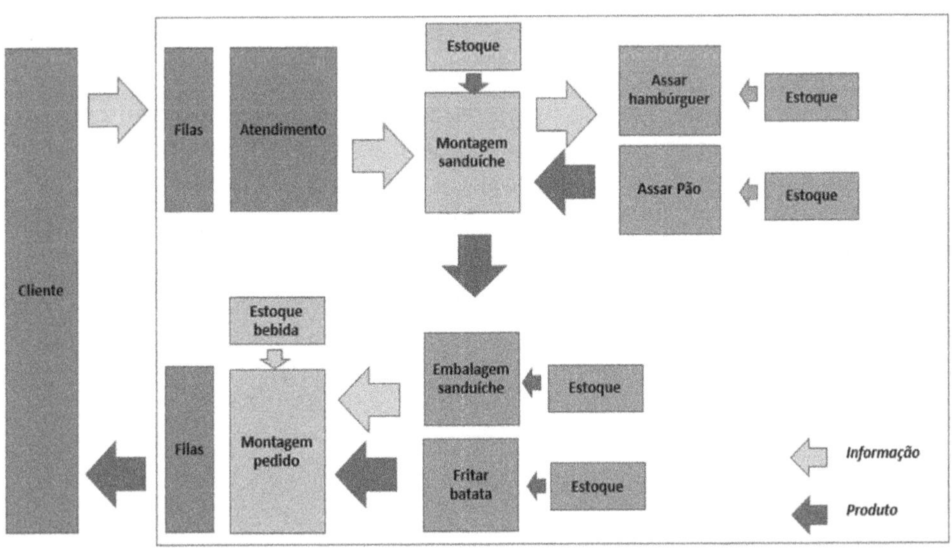

Figura 149

6.16.1. Definição de métricas de desempenho

Uma vez definido um mapa de processos, foi necessário selecionar e estabelecer atributos para qualificar e medir o desempenho dos processos. Seria importante priorizá-los segundo esses critérios e relacioná-los com os principais problemas que estavam ocorrendo.

Foram selecionados o grau de controle (documentação e indicadores), o grau de impacto, o risco operacional, o alinhamento estratégico, o indicador de desempenho e apontamentos de auditoria.

Nível	Componente	Controle		Importância			Desempenho		Iniciativa	
		Documentação	Controles	Impacto	Risco	Alinhamento	Indicador	Apontamentos	Status	Valor do Benefício
Operação	Operação									
Macroprocesso	Atendimento									
Processo	Receber pedido									
Processo	Receber pagamento									
Processo	Entregar pedido									
Macroprocesso	Preparação									
Processo	Preparar hambúrguer									
Processo	Montar pedido									
Processo	Finalizar pedido									
Macroprocesso	Compras									
Processo	Efetuar pedido COMPRAS									
Processo	Efetuar pagamento									
Macroprocesso	Armazenagem									
Processo	Receber insumo									
Processo	Armazenar									

Figura 150

6.16.2. Definição de métodos, técnicas e ferramentas

Nesta etapa, o escritório de processos selecionou dois métodos para a identificação e condução de projetos com base nos treinamentos e nas experiências anteriores: a abordagem de melhoria incremental e a abordagem de engenharia de processos, que incluiria também o conceito de inovação (vide Anexos 1 e 2 para maiores detalhes sobre essas duas abordagens).

As técnicas selecionadas para compor esses métodos foram, em princípio:

Planejamento:

- Termo de abertura de projeto
- EAP (estrutura analítica de projeto)
- Cronograma

Identificação e mapeamento do problema:

- Gráfico de Pareto
- Estatística descritiva
- Gráfico de sequência
- FMEA (*Failure Mode and Effect Analysis*)
- Cálculo do benefício e do custo preliminar

Mapeamento de processos:

- Fluxograma
- SIPOC (*Supplier, Input, Process, Output, Client*)
- Gráfico de Pareto

Identificação e mapeamento de causas:

- Diagrama de causa e efeito
- Cinco por quês

Identificação de riscos operacionais:

- FMEA (*Failure Mode and Effect Analysis*)
- Fluxograma

Planejamento de ações/Implantação:

- 5W2H
- Matriz de esforço/impacto
- Matriz de capacitação, comunicação e engajamento
- Matriz de análise de impacto
- Avaliação de investimentos (benefícios)
  - VPL
  - TIR
  - *Payback* simples/descontado

Pós-implantação:

- Gestão de mudanças

As ferramentas definidas para suportar a implantação do escritório de processos foram:

- Mapeamento e documentação de procedimentos
- Repositório de documentos
- Gestão de indicadores
- Planilha de avaliação de custo-benefício de projetos de processos
- Suporte à gestão de comitês
  - *Template* de apresentação
  - Agenda de apresentações
  - Ata de reunião

O comitê definiu o mapeamento das atividades da operação como prioritário.

Portanto, os trabalhos começaram com o levantamento do fluxo operacional de solicitação e a entrega do pedido na loja (período de demanda padrão).

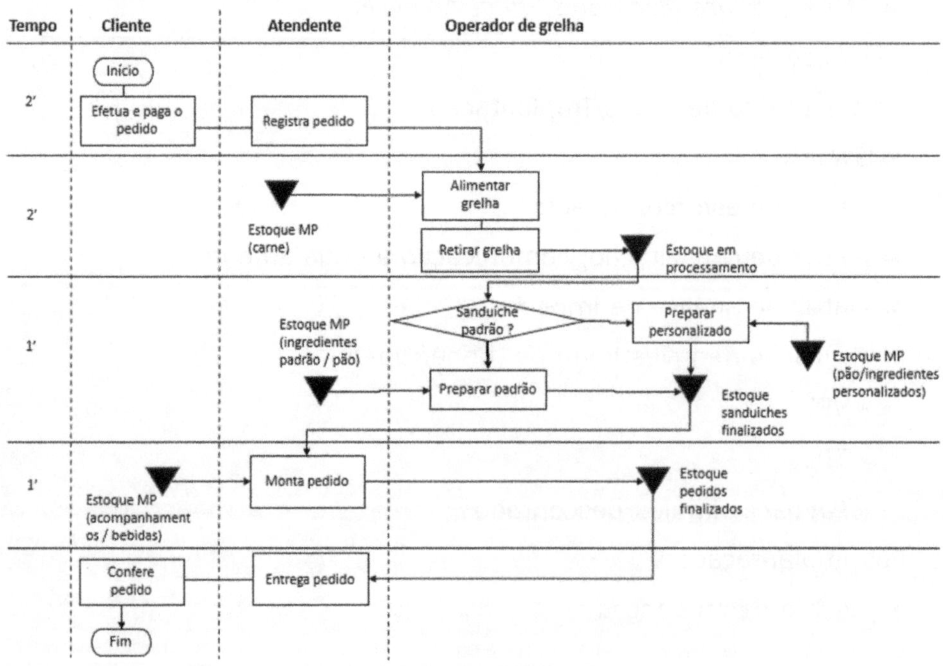

Figura 151

6.17. Mapeamento de riscos operacionais

Foi utilizada a ferramenta FMEA para mapeamento e quantificação de riscos operacionais em conjunto com a auditoria.

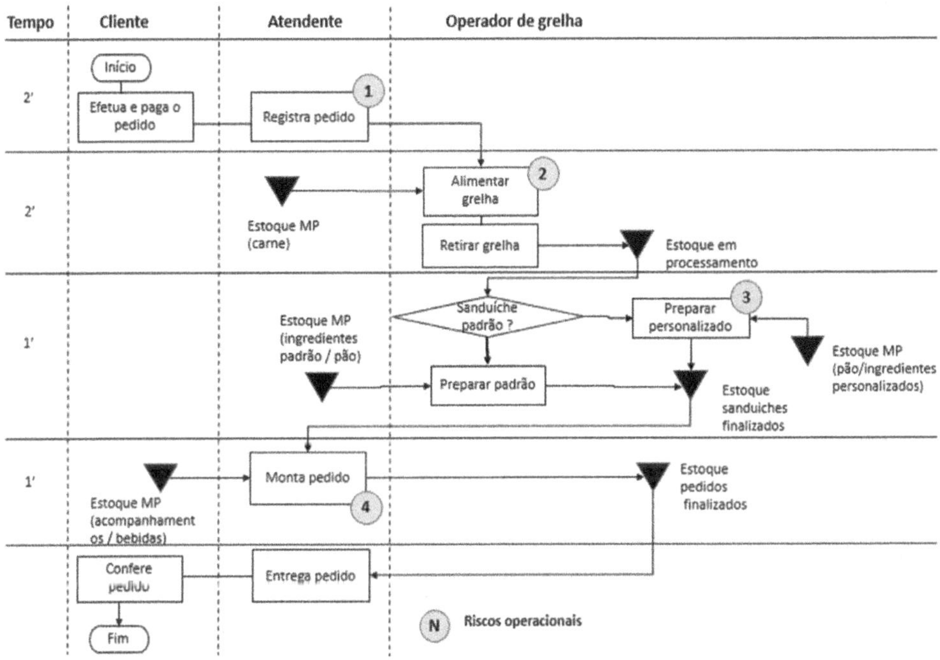

Figura 152

O mapeamento do fluxo operacional resultou no seguinte quadro FMEA:

	Etapa do processo	Modo de Falha	Efeito da falha	Grau de severidade	Causas potenciais	Probabilidade de ocorrência	Controles atuais	Grau de detecção	IR	Ações recomedadas	Responsável
1	Registro do pedido	Registro do pedido errado	Cliente reclama e é feito um novo sanduiche	Alta (8)	O pedido não é repetido para o cliente	Baixa (2)	Não há	Baixa (10)	160	Repetir verbalmente o pedido ao cliente	Atendente
2	Alimenta a grelha	Queimar carne	Cliente reclama e é feito um novo sanduiche	Alta (7)	Operador controla tempo de grelha de forma visual	Média (4)	Não há	Média (5)	140	Operador deve possuir cronômetros	Operador de grelha
3	Preparar personalziado	Atendente erra na personalização	Cliente reclama e é feito um novo sanduiche	Alta (8)	Operador não possui script	Média (6)	Não há	Média (5)	240	Operador deve possuir um script visual por tipo	Operador de grelha
4	Montar pedido	Atendente esquece ou troca acompanhamentos	Cliente reclama e é montado um novo pedido	Média (6)	Atendente não confere	Baixa (3)	Não há	Baixa (8)	96	Atendente deve conferir pedido	Atendente

Figura 153

6.18. Realização e condução do primeiro comitê

Uma vez estabelecido todo o processo de governança, definiu-se a data da realização do primeiro comitê operacional secretariado pelo escritório de processos e que iniciaria o primeiro ciclo de governança de processos.

As atividades do ciclo de governança:

- Definir pauta da reunião do comitê.
- Definir agenda de projetos e apresentações.
- Convocar participantes e apresentadores.
- Preparar apresentações propostas e diagnóstico do portfólio de processos.
- Avaliar as propostas.
- Implantar propostas aprovadas.
- Efetuar acompanhamento do projeto e benefícios pós-implantação.

As etapas:

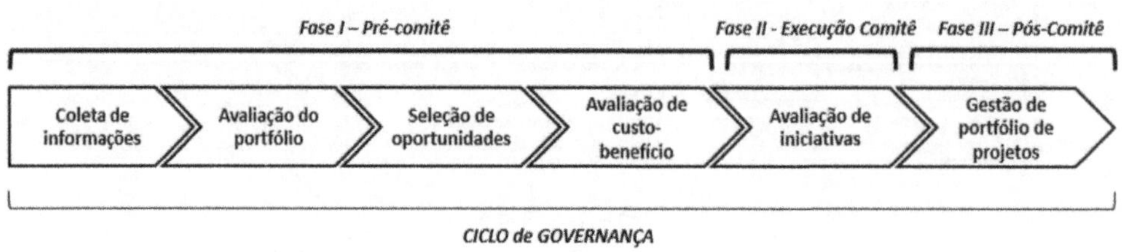

Figura 154

6.19. Coleta de informações

A coleta de informações pela empresa foi feita para atualizar a primeira versão do portfólio de processos identificado inicialmente.

Todas as áreas da administração central e os franqueados foram os responsáveis pela coleta e pelo envio das informações ao escritório de processos de acordo com os procedimentos estabelecidos de governança de processos.

6.20. Situação dos processos

O atual portfólio de processos da empresa (foco em operações) é descrito conforme os atributos selecionados a seguir:

Nível	Componente	Controle		Importância			Desempenho		Iniciativa	
		Documentação	Controles	Impacto	Risco	Alinhamento	Indicador	Apontamentos	Status	Valor do Benefício
Operação	Operação									
Macroprocesso	Atendimento									
Processo	Receber pedido	5	4	10	5	7	10	10		
Processo	Receber pagamento	2	3	7	5	5	2	8		
Processo	Entregar pedido	1	1	6	4	4	3	5		
Macroprocesso	Preparação									
Processo	Preparar hambúrguer	8	7	10	8	7	6	12		
Processo	Montar pedido	6	7	8	6	6	2	11		
Processo	Finalizar pedido	2	1	4	7	7	2	3		
Macroprocesso	Compras									
Processo	Efetuar pedido COMPRAS	1	3	5	3	8	4	4		
Processo	Efetuar pagamento	2	1	6	4	7	3	5		
Macroprocesso	Armazenagem									
Processo	Receber insumo	1	3	4	4	5	2	6		
Processo	Armazenar	2	1	8	5	6	2	7		

Figura 155

A área de finanças forneceu informações para o PMO, que gerenciava o orçamento de projetos para a empresa.

Gráfico de orçamento:

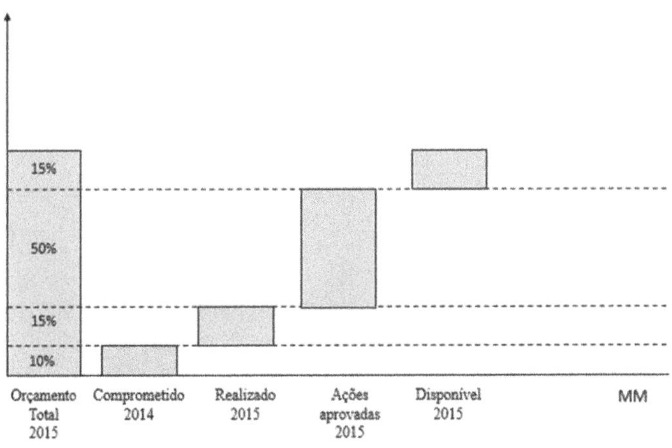

Figura 156

6.21. Avaliação do portfólio de processos

Com base nas informações coletadas na etapa anterior, o escritório de processos fez a consolidação e um diagnóstico preliminar.

Análise do grau de maturidade *versus* impacto no negócio:

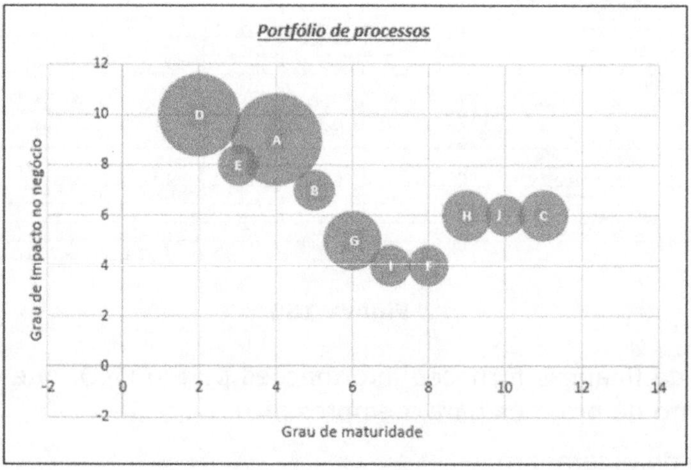

Figura 157

Análise do grau de maturidade *versus* grau de risco:

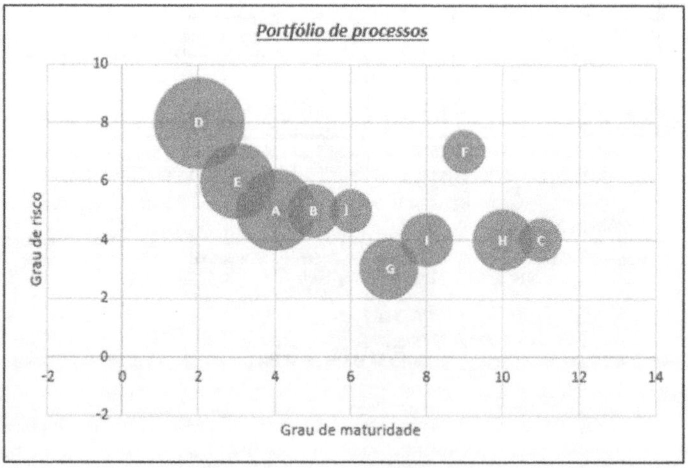

Figura 158

6.22. Avaliação de oportunidades de inovação e melhoria em processos

O escritório de processos preparou e consolidou as informações para a avaliação de oportunidades de transformação em processos.

Uma avaliação preliminar mostrou algumas oportunidades de melhoria e de ganhos significativos nos processos de atendimento dos clientes, preparação e montagem do pedido.

Com base nesse diagnóstico e em uma análise de causas dos problemas atuais, foram feitas as seguintes propostas para avaliação no comitê:

1. Redesenho do processo de atendimento e recebimento do pedido e implantação de um sistema de fila única para todas as filiais.
2. Redesenho do processo de preparação e montagem de sanduíches.
3. Redesenho e padronização de layouts das áreas de alimentação.
4. Plano de premiação de colaboradores.

6.23. Avaliação de custo-benefício das ações propostas

Nesta etapa foi necessário desenvolver o método de cálculo de custo-benefício das ações propostas.

Como ficou o quadro de análise de custo-benefício das quatro ações:

	Ação	Conteúdo	Investimento	Benefício líquido esperado mensal	Benefício líquido esperado anualizado	Justificativa e racional
1	Redesenho processo atendimento	Redesenho do processo de atendimento e recebimento do pedido e implantação de um sistema de fila única para todas as filiais	R$ 200.000	R$ 100.000	R$ 1.200.000	redução de reclamações de clientes e tempo de atendimento
2	Redesenho do processo preparação de alimentos	Redesenho do processo de preparaçao de alimentos	R$ 500.000	R$ 50.000	R$ 600.000	Redução de desperdício e padronização
3	Redesenho área de alimentação	Redesenho e padronização de layouts das áreas de alimentação	R$ 800.000	R$ 60.000	R$ 720.000	redução de reclamações de clientes e aumento de capacidade de atendimento e faturamento
4	Premiação	Plano de premiação de colaboradores	R$ 50.000	R$ 40.000	R$ 480.000	redução de desperdício, faturamento pela modificação de produtos e redução de

Figura 159

Para cada ação, foi utilizada a ferramenta calculadora de benefícios e foram calculados o VPL, o TIR e o *Payback*. Os valores estão em milhares de reais.

1. Redesenho do processo de atendimento e recebimento do pedido e implantação de um sistema de fila única para todas as filiais.

Ação 1	0	1	2	3	4	5
	R$ 200,00	R$ 1.200,00	R$ 1.200,00	R$ 1.200,00	R$ 1.200,00	R$ 1.200,00
	R$ 200,00	R$ 1.200,00	R$ 1.200,00	R$ 1.200,00	R$ 1.200,00	R$ 1.200,00
TMA = 0,15	VPL=	R$ 3.323,99	TIR =	600%	PB =	1 ano e 3 meses
	TMA=	0,15				

Figura 160

2. Redesenho do processo de preparação e montagem de sanduíches.

Ação 2	0	1	2	3	4	5
	R$ 500,00	R$ 600,00	R$ 600,00	R$ 600,00	R$ 600,00	R$ 600,00
	R$ 500,00	R$ 600,00	R$ 600,00	R$ 600,00	R$ 600,00	R$ 600,00
TMA = 0,15	VPL=	R$ 1.314,17	TIR =	118%	PB =	1 ano
	TMA=	0,15				

Figura 161

3. Redesenho e padronização de layouts das áreas de alimentação.

Ação 3	0	1	2	3	4	5
	R$ 800,00	R$ 720,00	R$ 720,00	R$ 720,00	R$ 720,00	R$ 720,00
	R$ 800,00	R$ 720,00	R$ 720,00	R$ 720,00	R$ 720,00	R$ 720,00
TMA = 0,15	VPL=	R$ 1.403,09	TIR =	86%	PB =	1 ano e 1 mês
	TMA=	0,15				

Figura 162

4. Plano de premiação de colaboradores.

Ação 4	0	1	2	3	4	5
	R$ 50,00	R$ 480,00	R$ 480,00	R$ 480,00	R$ 480,00	R$ 480,00
	R$ 50,00	R$ 480,00	R$ 480,00	R$ 480,00	R$ 480,00	R$ 480,00
TMA = 0,15	VPL=	R$ 1.355,68	TIR =	960%	PB =	1 mês
	TMA=	0,15				

Figura 163

6.24. Avaliação das iniciativas

Feitas as avaliações de custo-benefício das ações, foi proposta a seguinte pauta para o comitê operacional:

AGENDA DE COMITÊ			
NOME DO COMITÊ	Comitê operacional de processos		
DATA:	03/03/2015	HORA:	10h - 12h
LOCAL:	Sede Hamburgueria		
OBJETIVO	Primeira reunião de comitê operacional. Avaliação e priorização de demandas		

ID	ITEM	DESCRIÇÃO	INÍCIO	APRESENTADOR	ÁREA
1	Abertura	Apresentação dos objetivos da reunião	10h	Gestor Escrit Processos	Escritório de processos
2	Diagnóstico portfólio	Descrição da situação do portfólio de processos	10h15'	Gestor Escrit Processos	Escritório de processos
3	Redesenho processo atendimento	Redesenho do processo de atendimento e recebimento do pedido e implantação de um sistema de fila única para todas as filiais	10h30'	Gestor de operações	Operações
4	Redesenho do processo preparação de alimentos	Redesenho do processo preparação de alimentos (lanches e montagem de pedido)	10h45'	Gestor administrativo	Administração
5	Redesenho área de alimentação	Redesenho e padronização de layouts das áreas de alimentação	11h00'	Gestor de operações	Operações
6	Premiação	Plano de premiação de colaboradores	11h30'	Gestor administrativo	Administração
7	Priorização das ações aprovadas	Priorização das ações no Roadmap	11h45'	Gestor escritório de projetos	PMO

Figura 164

O comitê começou pela avaliação do portfólio, observando a evolução do consumo do orçamento para as ações relacionadas à melhoria de processos. A aprovação das ações deveria respeitar a limitação do orçamento.

Em seguida, as quatro ações propostas foram avaliadas sob dois pontos de vista: relação de impacto e benefícios *versus* custos associados e prazo de entrega ao longo do *roadmap* já existente.

Diagrama de esforço *versus* impacto:

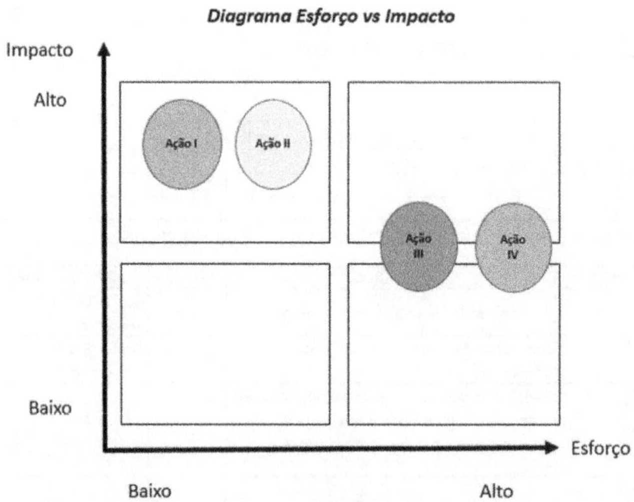

Figura 165

Quadro de *roadmap* atual com a entrada de novos projetos:

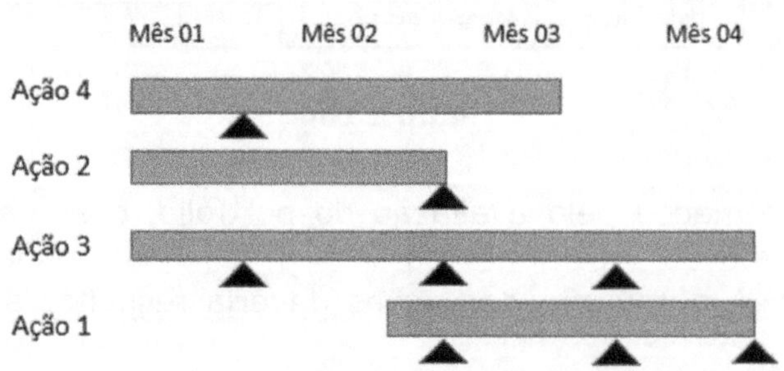

Figura 166

Após a condução do comitê, a ata mostra o resultado final das decisões, com as quatro propostas aprovadas:

ATA DE REUNIÃO			
Data:	01/03/2015	**Hora:**	10h - 11h
Local:	Sede Hamburgueria		
Objetivo:	Primeira reunião de comitê operacional. Avaliação e priorização de demandas		

Nome	Presença
Gestor escritório de processos	S
Representante auditoria	S
Representante finanças	S
Representante marketing	S
Representante operações	S
Representante administração	S
Representamte PMO	S

Cod Seq	Assunto		
1	Apresentação dos objetivos e pauta da reunião		
2	Apresentação da situação do portfolio		
3	Discussão das propostas (todas aprovadas)		
4	Priorização no roadmap		
Cod Seq	**Ação**	**Resposável**	**Data**
3	Publicação da ata	Escritório de processos	03/03/2015
4	Preparação para execução	Escrit processos e PMO	31/03/2015

Figura 167

6.25. As ações pós-comitê

Com base nas decisões da ata do comitê operacional de processos, providencia-se a iniciação das ações. As ações aprovadas foram:

1. Redesenho dos processos de atendimento e recebimento do pedido e implantação de um sistema de fila única para todas as filiais.
2. Redesenho do processo de produção de sanduíches e montagem de pedidos.
3. Redesenho da área de alimentação.
4. Criação de um plano de premiação para sugestões de melhoria operacional.

Para cada iniciativa foram geradas as seguintes entregas:

- Criação do termo de abertura de projeto
- Planejamento e elaboração de cronograma de controle
- Execução da iniciativa
- Acompanhamento dos benefícios de cada projeto
- Gestão de mudança
  - » Gestão da comunicação
  - » Gestão de capacitação
  - » Gestão de engajamento de *stakeholders*
  - » Gestão de impactos

Vejamos a seguir um exemplo.

6.26. Exemplo – Redesenho do processo de atendimento e recebimento do pedido e implantação de um sistema de fila única para todas as filiais

6.26.1. Planejamento

Termo de abertura:

Projeto: Redesenho do processo de atendimento

Objetivo: Redesenho do processo de atendimento e recebimento do pedido e implantação de um sistema de fila única para todas as filiais

Escopo: Todos os franqueados	**Meta:** Implantar um novo processo de atendimento
Entregas: • Desenho do processo de atendimento • Implantação de um sistema de fila única	**Custo estimado:** A definir **Orçamento:** R$ 300 M
Restrições: Não há	**Benefícios estimados:** 2 MM / ano
Premissas: Não há	**Gestor:** Consultor externo

Cronograma macro

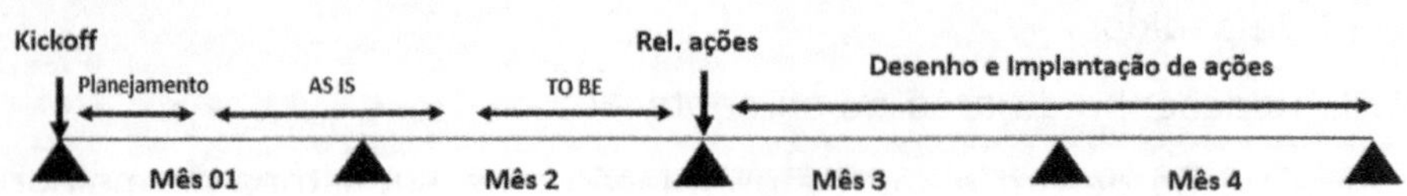

Figura 168

O escritório de projetos incluiu os projetos de processos aprovados em seu portfólio. Essa parceria é importante para suprir a equipe de processos com técnicas e métodos adequados em gestão de projetos.

6.26.2. Execução e controle

A etapa de execução das iniciativas mostra como as ações foram monitoradas pela empresa.

Cronograma:

PROJETO	Entrega	Status	Progresso	14-abr 1a sem	21-abr 2a. Sem	28-abr 3a sem	6-mai 4a sem	13-mai 5a. Sem	20-mai 6a sem	27-mai 7a sem
FASE Planejamento										
Definir problema, objetivo e escopo do trabalho	Declaração de escopo de GM	A iniciar	0%							
Definir EAP / Cronograma	EAP e Roadmap/Cronograma	A iniciar	0%							
FASE AS IS										
Identificar stakeholders (resp e estrut org)	Matriz stakeholders	A iniciar	0%							
Identificar benefícios projeto	Relação de benefícios PRJ	A iniciar	0%							
Desenhar modelo operacional atual	Modelo operacional AS IS	A iniciar	0%							
Obter fluxo/procedimento operacional atual	Fluxo operacional AS IS	A iniciar	0%							
Identificar riscos operacionais atuais	Riscos operacionais	A iniciar	0%							
Identificar projetos piloto (Diagnóstico)	Diagnóstico pilotos	A iniciar	0%							
Desenhar fluxo operacional atual		A iniciar	0%							
Montar fluxo de Comunicação	Fluxo de comunicação AS IS	A iniciar	0%							
Montar fluxo de Capacitação	Processo de capacitação AS IS	A iniciar	0%							
Avaliação de Gaps impactos	GAPS e restrições (6Ms)	A iniciar	0%							
FASE TO BE										
Desenhar modelo operacional futuro	Modelo operacional TO BE	A iniciar	0%							
Desenhar fluxo operacional futuro	Fluxo operacional TO BE	A iniciar	0%							
Identificar necessidades de mudança / perfis / resp / capacit.	Requisitos de mudança	A iniciar	0%							
Desenhar plano de comunicação	Plano de comunicação TO BE	A iniciar	0%							
Desenhar plano de capacitação	Plano de capacitação TO BE	A iniciar	0%							
Desenhar planos de ação e de mitigação de impactos	Plano de mitigação de impactos TO BE	A iniciar	0%							
Validar planos de ação	Plano TO BE validado	A iniciar	0%							
FASE IMPLANTAÇÃO AÇÕES										
Implantar modelo operacional (projetos)	Modelo operacional implantado	A iniciar	0%							
Capacitar e comunicar (projetos)	Capacitação e comunicação implantados	A iniciar	0%							
Implantar planos de mitigação (projetos)	Planos de ação implantado	A iniciar	0%							
ROLL OUT										
Roll out	Rollout	A iniciar	0%							

Figura 169

6.26.3. Gestão de mudanças

Além da avaliação de benefícios (resultados quantitativos e qualitativos) pós-implantação, providencia-se a gestão de mudanças, que inclui a gestão da comunicação, a gestão da capacitação, a gestão de engajamento de *stakeholders* e a gestão de impactos.

A gestão de mudanças deve ser iniciada antes do *kick-off* de cada projeto aprovado. Veja que, mesmo na primeira reunião de *kick-off*, é necessário já ter identificado os principais *stakeholders* a serem convocados.

6.26.4. Gestão de comunicação

Quadro de comunicação:

MATRIZ DE COMUNICAÇÃO							
ID	Título	Assunto da Informação	Ação Esperada	Público-Alvo	Meio ou Método da Comunicação	Emissor	Periodicidade
		(o que precisa ser comunicado)	(Por que deve ser comunicado)?	(Quem deve ser informado)	(Como deve ser comunicado)	(Responsável por comunicar)	(Ou momento)
0	Visão geral da iniciativa de alteração de procedimentos de atendimento	Objetivos e benefícios gerais	Entendimento dos principais objetivos e benefícios da iniciativa	Proprietários de franquias / Colaboradores de franquias e Colaboradores da Administração central	E-mail	Gestão de processos, área de marketing e área de RH	Quinzenal
1	Visão geral da iniciativa de alteração de procedimentos de atendimento	Objetivos e benefícios gerais	Entendimento dos principais objetivos e benefícios da iniciativa	Proprietários de franquias / Colaboradores de franquias e Colaboradores da Administração central	Vídeo	Gestão de processos, área de marketing e área de RH	Quinzenal

Figura 170

6.26.5. Gestão da capacitação

Quadro de capacitação:

MATRIZ DE CAPACITAÇÃO							
ID	Título	Assunto da Capacitação	Ação Esperada	Público-Alvo	Meio ou Método de capacitação	Responsável	Período
1	Capacitação dos atendentes e gestores de loja	Novos procedimentos de atendimento	Entendimento dos novos procedimentos de atendimento	Atendentes de loja	E-Learning	Equipe de Processos e Gestão de RH	set/15
2	Capacitação dos gestores de loja e proprietários	Novos procedimentos de atendimento (Visão geral)	Entendimento dos novos procedimentos de atendimento	Proprietários e gestores de loja	Presencial (workshop)	Equipe de Processos e Gestão de RH	ago/15

Figura 171

6.26.6. Gestão de *stakeholders* e engajamento

Os *stakeholders* foram divididos em três categorias: franqueados; gestores de unidade (gerentes e supervisores); e colaboradores de cozinha e administrativos dos franqueados e do franqueador.

Ações de engajamento:

- *Workshop* com todos os franqueados a respeito das ações a serem implantadas.
- Comunicação semanal com todos os franqueados sobre o andamento das ações.

6.26.7. Gestão de impactos das ações implantadas

Quadro de acompanhamento de impactos:

	Processo	Mudança	Impacto	Status	Resp.	Data implantação prevista	Data implantação real
1	Atendimento	Fila única	Treinamento e orientação dos colaboradores da franquia	A iniciar	Franqueador (Gestão da operação)	set/15	
2	Atendimento	Fila única	Treinamento e orientação dos colaboradores da adm central	A iniciar	Franqueador (Gestão da operação)	Out/2015	

Figura 172

Principais barreiras e dificuldades:

- Alta rotatividade dos colaboradores franqueados, o que dificulta a conservação do conhecimento e a eficácia do treinamento.
- Resistência de alguns franqueados em aceitar as modificações propostas.

6.26.8. Avaliação de benefícios

Foi fundamental apresentar e mostrar os resultados das ações para o comitê operacional e para o executivo. Avaliar a eficácia de suas ações é essencial, portanto são analisados os benefícios e a justificativa para a existência do escritório de processos.

Avaliação de benefícios pós-implantação dos quatro projetos:

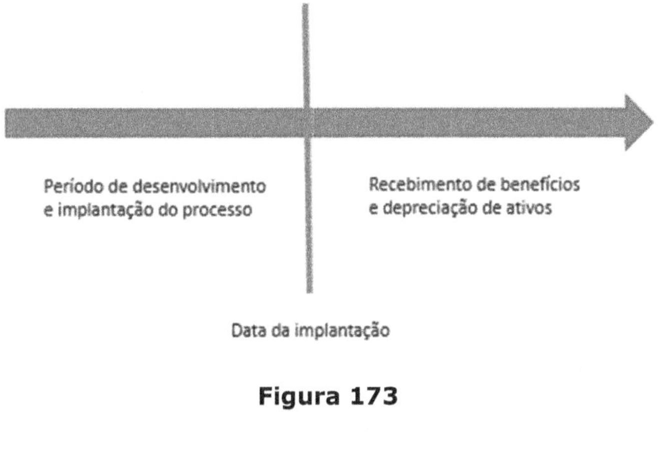

Figura 173

Gráficos dos indicadores antes e depois nos cinco meses após a implantação.

- Indicador de redução de perdas.
- Indicador de redução de reclamações.
- Indicador de redução de custo em relação ao faturamento total e aumento da taxa de lucro bruto sobre receita.

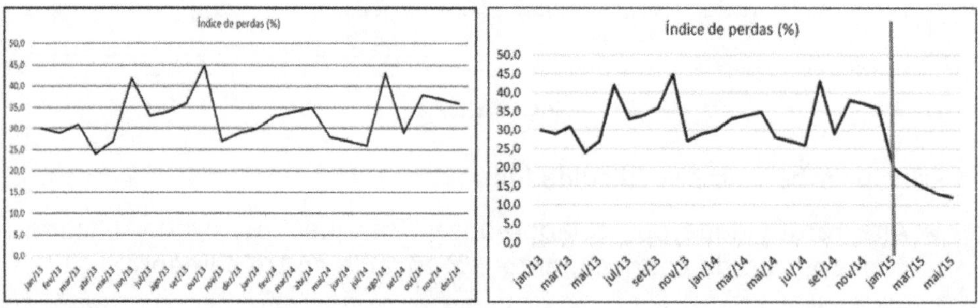

Figura 174

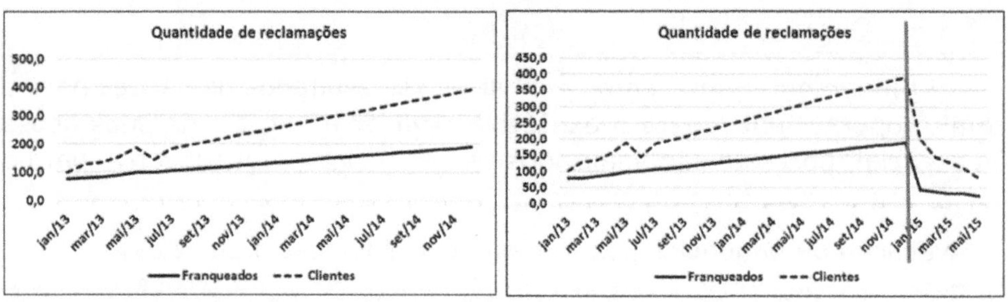

Figura 175

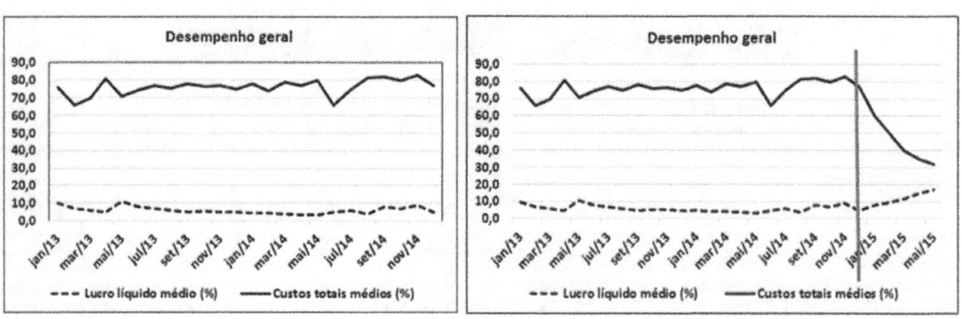

Figura 176

REFERÊNCIAS BIBLIOGRÁFICAS

APQC. Site. Disponível em: <https://www.apqc.org>. Acesso em: 08 abr. 2015.

ARCHER, N. P.; GHASEMZADEH, F. An Integrated framework for Project portfolio selection. **International Journal of project management**, v. 17, n. 4, p. 207-215, 1999.

BPM. **CBOK Business process management common body of knowledge.** ABPMP, 2013.

COOPER, M. C.; LAMBERT, D. M.; PAGH, J. T. Supply Chain Management: more than a new name for logistics. 1999. **International Journal of logistics management**, v. 8, n. 1, p. 207-215, 1997.

MENTZER, J. T. *et al*. Defining supply chain management. **Journal of business logistics**, v. 22, n. 2, 2001.

PAIVA, E. L.; CARVALHO Jr., L. M.; FENSTERSEIFER, J. E. Estratégia de produção e operações. 2. ed. Porto Alegre: Bookman, 2009.

PROJECT MANAGEMENT INSTITUTE. **The Standard for Portfolio Management.** Newtown Square: PMI, 2006.

ROTONDARO, R. G. (org.). **Seis Sigma:** estratégia gerencial para a melhoria de processos produtos e serviços. São Paulo: Atlas, 2002.

SIQUEIRA, J. **O modelo de maturidade de processos:** como maximizar o retorno dos investimentos em melhoria da qualidade e produtividade. Disponível em: <http://www.ibqn.com.br/htm_artigos_links/Jairo_Siqueira_Artigo_Modelo%20de%20Maturidade.pdf>. Acesso em: 08 abr. 2015.

SLACK, N. **Vantagem competitiva em manufatura.** São Paulo: Atlas, 2003.

VALLE, R.; OLIVEIRA, S. B. (org.). **Análise e modelagem de processos de negócio.** São Paulo: Atlas, 2013.

WU, S. J.; MELNYK, S. A.; FLYNN, B. B. Operational Capabilities: The Secret Ingredient. **Decision Sciences**, v. 42, n. 4, 2010.

ANEXO 1

BPI (*BUSINESS PROCESS IMPROVEMENT*) – KAIZEN

INTRODUÇÃO E VISÃO GERAL

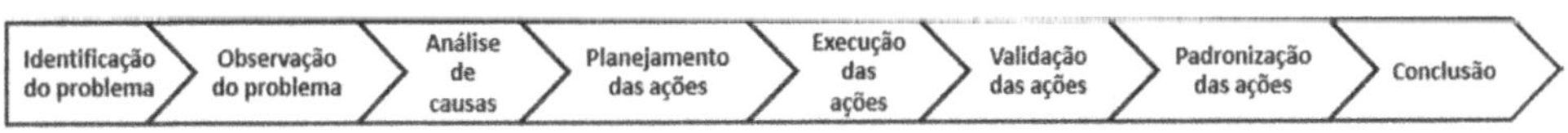

Figura 177

O objetivo da melhoria incremental é promover ações de transformação incremental ou de pequena monta em processos (*Kaizen* significa "melhoria contínua" em japonês). Constitui-se em um ciclo que procura resolver um problema por vez.

O ideal é que esse tipo de ação não possua prazos muito longos (no máximo dois meses).

O método de solução de problemas se baseia na identificação de causas fundamentais que serão eliminadas ou bloqueadas, e todo o trabalho é baseado em fatos e dados.

Possui uma lógica simples para entendimento e aplicação e não requer grandes investimentos.

IDENTIFICAÇÃO DO PROBLEMA

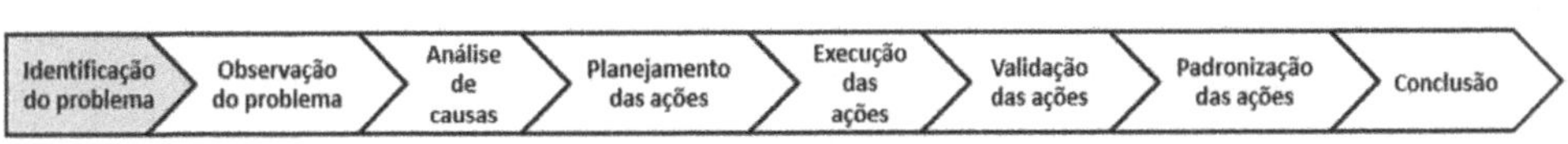

Figura 178

Objetivo: identificar o problema de negócio.

Ações

Estabelecer o problema mais importante: nesta atividade, estabelece-se qual é o problema mais importante em relação aos demais problemas. Ele pode estar associado a uma das dimensões, que são qualidade (quantidade de erros e defeitos), entrega (prazo, quantidade e local combinados), custo (custo total do processo ou custo operacional) e segurança (segurança da informação). Pode-se utilizar um gráfico de Pareto para auxiliar esta atividade.

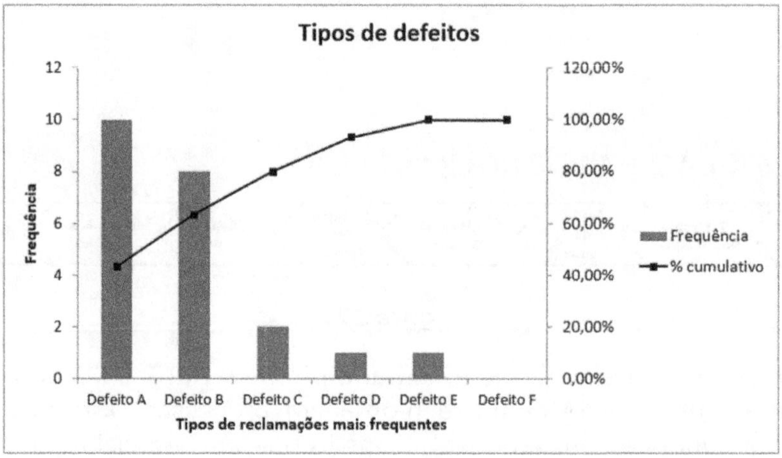

Figura 179

Quantificar o problema: um problema de negócio pode ser caracterizado como uma meta do processo que não foi atingida. Além disso, pode estar relacionado à extrapolação de valores fora da faixa de tolerância em torno da meta estabelecida. Outra maneira de encaramos um problema é estabelecendo uma meta de melhoria. Nesse caso, o problema é uma melhoria a ser implementada e não necessariamente uma situação indesejada.

Identificar o histórico do problema: é importante verificar se o problema ocorre de forma pontual ou se é recorrente. Esta é uma informação para auxiliar na atribuição da importância do problema. Pode-se utilizar um gráfico sequencial para auxiliar nesta atividade.

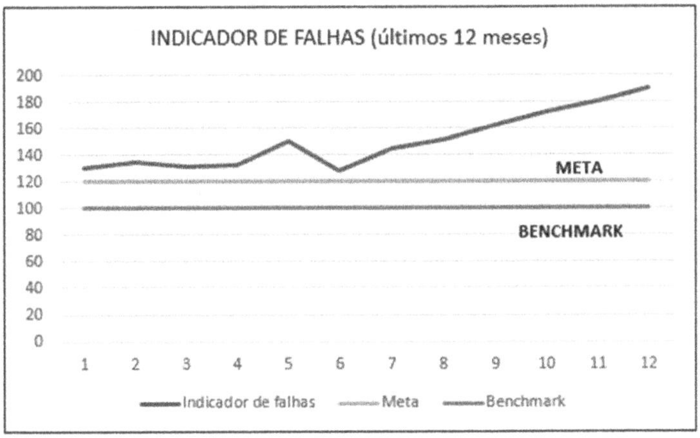

Figura 180

Estimar o benefício do problema: esta atividade é muito importante, mas é comumente esquecida. Trata-se de desenvolver método de cálculo financeiro inicial do benefício. Caso esse benefício não seja calculado, quando tivermos o valor do custo de um determinado plano de ação no futuro, não teremos como avaliar a viabilidade da solução.

Além disso, quando existirem outras ações, não teremos subsídios para priorizá-las e estabelecer uma ordem de execução. Pode-se utilizar uma das técnicas de avaliação de investimentos (VPL, *Payback*, TIR).

Observação do problema

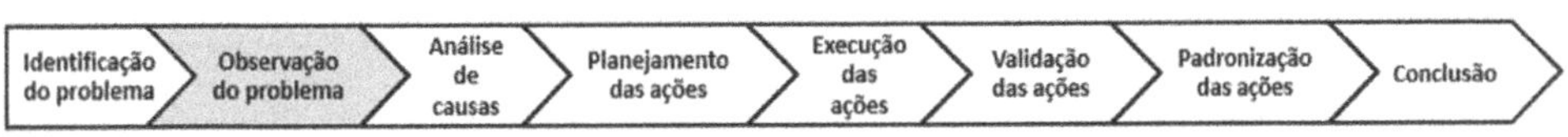

Figura 181

Objetivo: observar o problema sob vários pontos de vista e proporcionar foco na solução do problema.

Ações

Observar o problema: trata-se de observar o problema sob vários pontos de vista - utilizando o gráfico de Pareto, por exemplo. Use o conceito de quem, quando e onde o problema mais ocorre. Este passo é importante para direcionar, focar e não desperdiçar esforços.

Obter um mapa do processo ou fluxograma: caso exista, obter o procedimento operacional mais atual. É importante para os colaboradores terem uma visão única do processo que está sendo analisado.

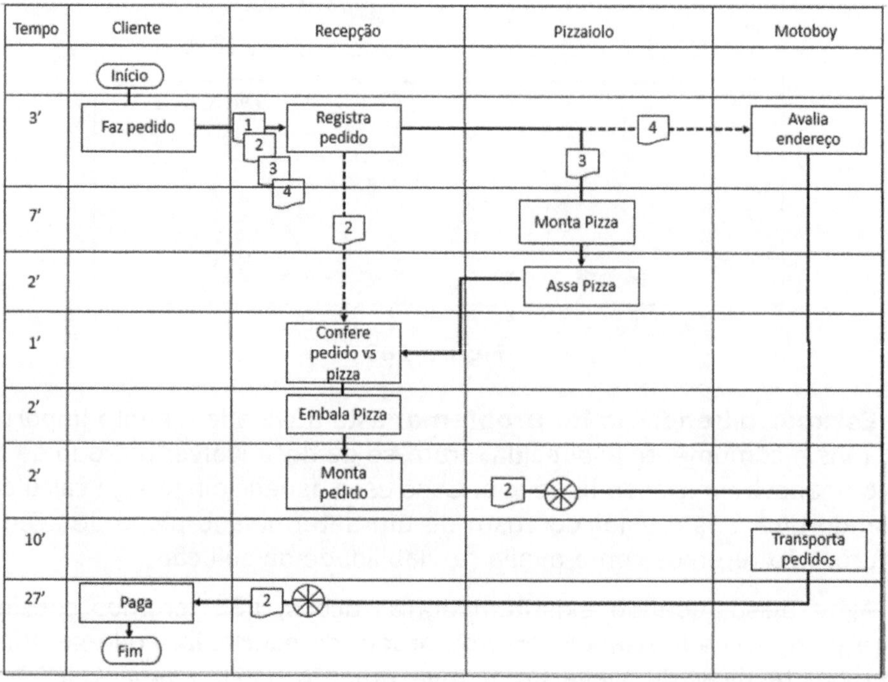

Figura 182

ANÁLISE DE CAUSAS

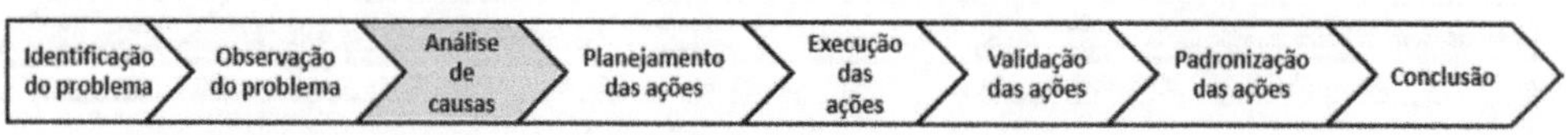

Figura 183

Objetivo: identificar e analisar as causas fundamentais do problema.

Ações

Identificar as causas: para identificar e analisar as causas do problema, utilize as técnicas dos cinco por quês e o diagrama de causa e efeito. Providencie a identificação de causas para a sua eliminação ou bloqueio.

Por quê	Por quê	Por quê	Por quê	Por quê
Causa 01	Causa da causa 01	Causa da causa da causa 01	...	...
	Causa da causa 01	Causa da causa da causa 01	...	...
Causa 02	Causa da causa 02	Causa da causa da causa 02	...	...
	Causa da causa 02	Causa da causa da causa 02	...	...

Figura 184

Analisar e identificar as causas-raízes: poderá não haver recursos para atuar em todas as frentes identificadas, daí a importância de analisar e identificar essas causas-raízes. Use técnicas de *brainstorming* para ambas as situações.

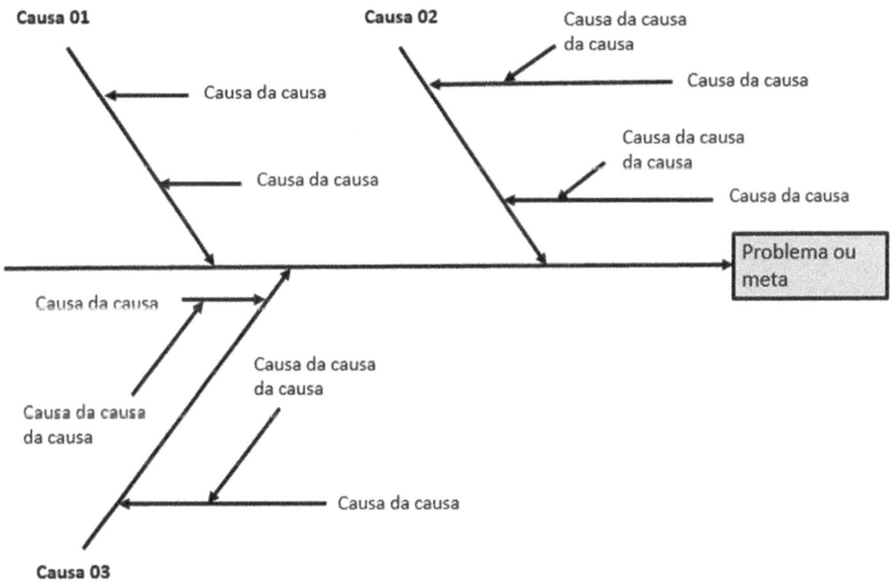

Figura 185

Planejamento das ações

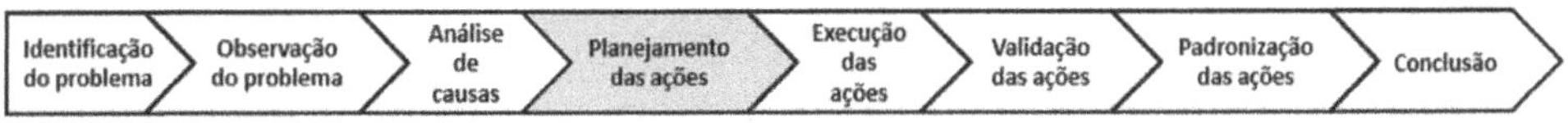

Figura 186

Objetivo: identificar as ações necessárias para eliminar ou bloquear as causas do problema.

Ações

Identificar ações: identifique as ações para bloquear as causas-raízes. Utilize a técnica de 5W2H (por quê, quem, quando, onde, o quê, como e quanto custa) para a identificação e qualificação das ações.

POR QUÊ	O QUÊ	QUANDO	QUEM	ONDE	COMO	QUANTO CUSTA
Causa 01 Causa 02	AÇÃO 01	PRAZO	RESPONSÁVEL	LOCAL	PROCEDIMENTO	CUSTO DA AÇÃO
Causa 03	AÇÃO 02					
Causa 04	AÇÃO 03					
Causa 05	AÇÃO 04					

Figura 187

Calcular custo e refinar benefício das ações: desenvolver um método de cálculo para cada ação identificada. Utilize as técnicas de VPL, TIR ou *Payback*.

Priorizar e montar cronograma: trata-se de avaliar a viabilidade de execução e aprovar. O objetivo é priorizar as iniciativas e estabelecer uma ordem de execução. Se necessário, utilize o diagrama de esforço *versus* impacto.

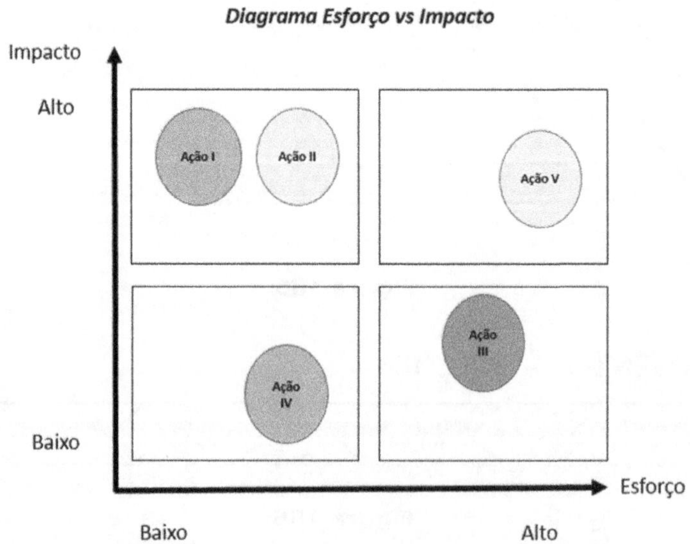

Figura 188

Execução das ações

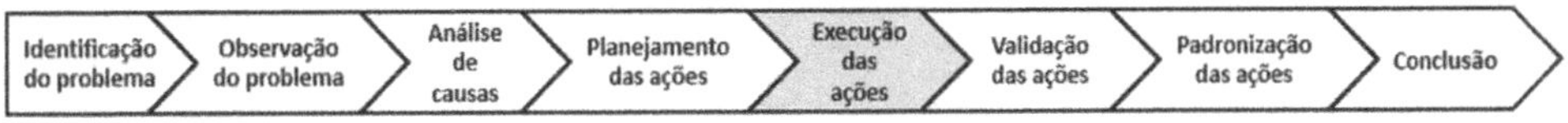

Figura 189

Objetivo: executar e gerir as ações aprovadas.

Ações

Gerir as ações: como são ações pequenas que não requerem tanto esforço de gestão, podem ser utilizadas somente ferramentas básicas de gerenciamento de projetos.

Monitorar desempenho das ações: monitorar a execução e reportar o desempenho das ações segundo o cronograma.

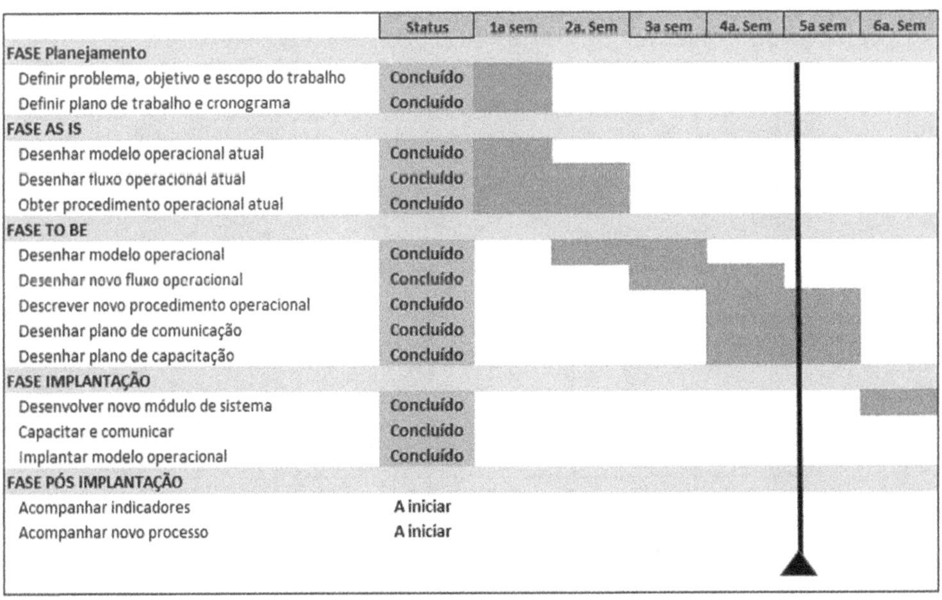

Figura 190

VALIDAÇÃO DAS AÇÕES

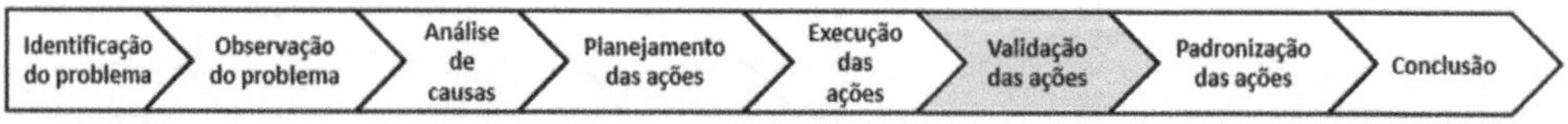

Figura 191

Objetivo: avaliar a eficácia das ações.

Ações

Obter o desempenho das ações: medir o desempenho das ações e as situações antes e depois em relação aos indicadores de desempenho inicialmente selecionados na etapa de identificação do problema.

Avaliar eficácia das ações: avaliar a eficácia antes e depois da implantação das ações efetuando uma análise comparativa. Utilize gráficos de sequência, histogramas ou gráficos de Pareto.

Exemplo de indicador de falhas ANTES:

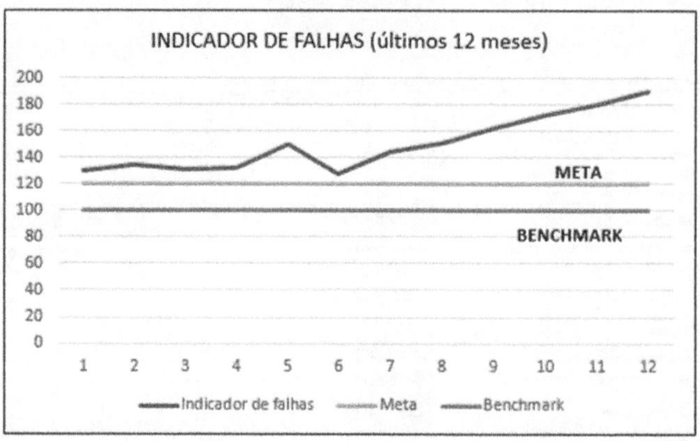

Figura 192

Exemplo de indicador falhas DEPOIS:

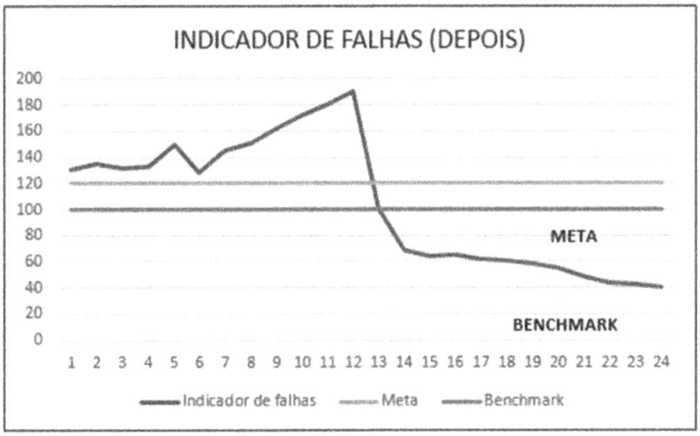

Figura 193

Padronização das ações

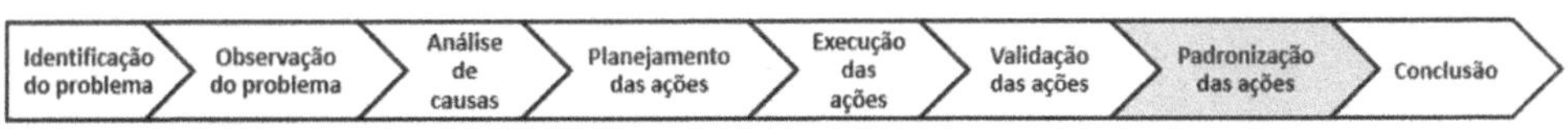

Figura 194

Objetivo: formalizar as ações validadas.

Ações

Criar ou alterar padrões: criar ou alterar os procedimentos operacionais padrão. As ações necessariamente irão requerer que os procedimentos operacionais sejam criados ou alterados.

Quadro de análise de impacto:

	Processo	Mudança	Impacto	Status	Resp.	Data implantação prevista	Data implantação real
1							
2							
3							
4							
5							
6							

Figura 195

Comunicar e capacitar os colaboradores: não se limite somente a criar ou alterar os procedimentos; um aspecto importante é comunicar e capacitar os colaboradores envolvidos. Deve-se acompanhar também os impactos em relação aos *stakeholders* relacionados às ações.

CONCLUSÃO

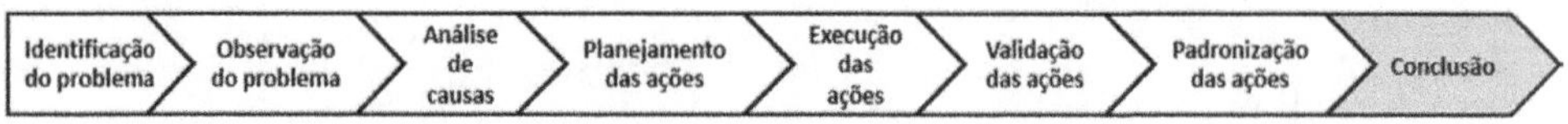

Figura 196

Objetivo: finalizar o ciclo de melhoria.

Ações

Recapitular o trabalho executado: nesta atividade, o líder, em reunião com a equipe, relembra todo o trabalho executado. Avalia o que deu certo e o que deu errado e se poderiam ter feito algo diferente em alguma das etapas. É importante para consolidar e disseminar as lições aprendidas.

Celebrar o trabalho concluído com a equipe: esta é uma atividade que invariavelmente é esquecida e relegada a um segundo plano. Porém, é importante para fortalecer os laços da equipe e estabelecer um vínculo para a execução de um próximo projeto. Mesmo que a meta não seja atingida, essa atividade deve ser contemplada, pois a meta pode ter sido estabelecida de forma muito desafiadora; no caso, poderia ter sido escalonada em etapas. Além disso, a celebração objetiva não somente festeja a meta atingida, mas também a execução do processo de solução de problemas de forma disciplinada e correta.

Avaliar a execução do novo ciclo: concluído o primeiro ciclo de melhoria, avalia-se a continuidade de permanecer na busca da mesma meta, caso ela não tenha sido atingida, ou se a equipe pode partir para o ataque dos problemas remanescentes.

Monitorar a gestão da mudança: é importante manter o monitoramento da gestão da mudança para garantir o mínimo de impacto nas pessoas e nos demais elementos dos processos que sofreram a transformação.

Anexo 2

BPE (*Business Process Engineering*) – Inovação e redesenho

Introdução e visão geral

A engenharia (BPE - *Business Process Engineering*) e o redesenho de processos diferem da abordagem de melhoria incremental ou BPI (*Business Process Improvement*) porque efetuam uma mudança mais radical nos processos. Podem partir do zero (engenharia) ou de um processo já existente (redesenho).

Esquema geral:

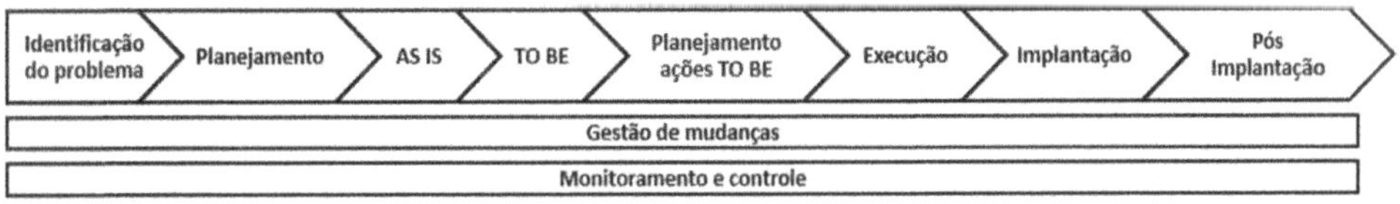

Figura 197

Identificação do problema

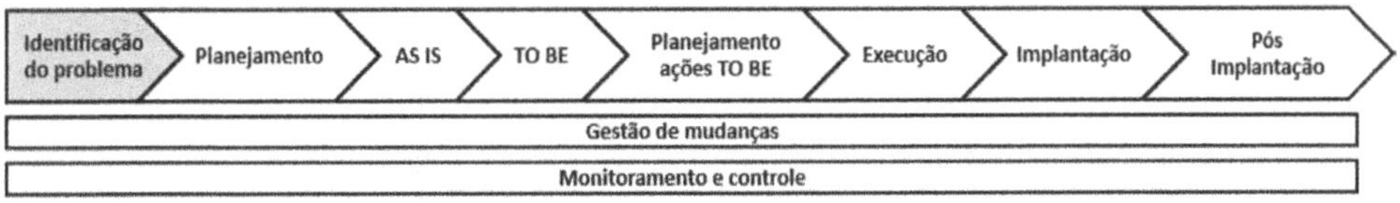

Figura 198

Objetivo: identificar o problema de negócio.

Ações

Estabelecer o problema mais relevante: nesta atividade, estabelece-se qual é o problema mais importante em relação aos demais. Ele pode estar associado a uma das dimensões que são a qualidade (quantidade de erros e defeitos), entrega (prazo, quantidade e local combinados), custo (custo total do processo ou custo operacional) e segurança (segurança da informação). Um gráfico de Pareto pode ser utilizado para auxiliar nessa atividade.

Quantificar o problema e estabelecer os critérios de desempenho: um problema de negócio pode ser caracterizado como uma meta do processo que não foi atingida. Além disso, pode estar relacionado à extrapolação de valores fora da faixa de tolerância em torno da meta estabelecida.

Outra maneira de encaramos um problema é estabelecendo uma meta de melhoria. Nesse caso, o problema é uma melhoria a ser implementada e não necessariamente uma situação indesejada.

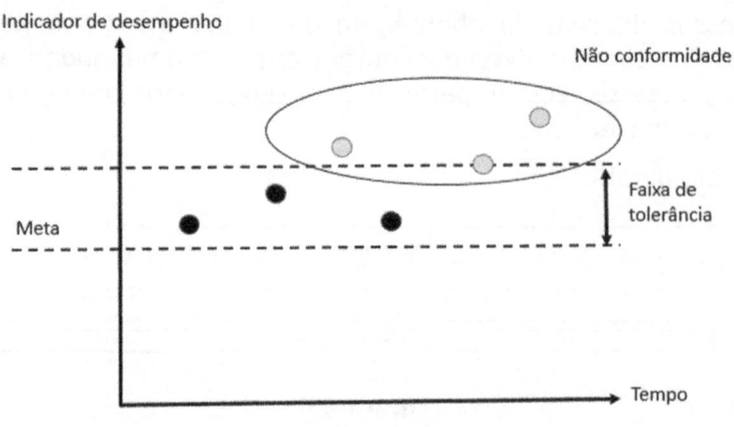

Figura 199

Identificar o histórico do problema: é importante verificar se o problema ocorre de forma pontual ou se é recorrente. Esta é uma informação para auxiliar na atribuição da importância do problema. Pode-se utilizar um gráfico sequencial para auxiliar nessa atividade.

Estimar o impacto e o benefício preliminar: esta atividade é muito importante, mas normalmente é esquecida. Trata-se de desenvolver uma lógica inicial de cálculo do benefício financeiro. Caso esse benefício não seja calculado, quando tivermos o valor do custo de um determinado plano de ação no futuro, não teremos como avaliar a viabilidade da solução. Além disso, quando existirem outras ações, não teremos subsídios para priorizá-las e estabelecer uma ordem de execução. Pode-se utilizar uma das técnicas de avaliação de investimentos (VPL, TIR ou *Payback*).

PLANEJAMENTO

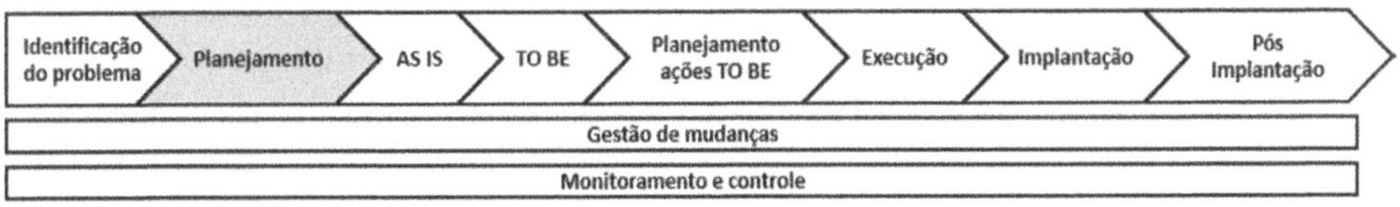

Figura 200

Objetivo: planejar o projeto.

Ações

Gerar a estrutura analítica do projeto e o *roadmap*: nesta etapa, é importante obter a aprovação para a execução do projeto de redesenho ou inovação do projeto. Gera-se o *roadmap* inicial do projeto, que é um cronograma de alto nível.

Exemplo de EAP:

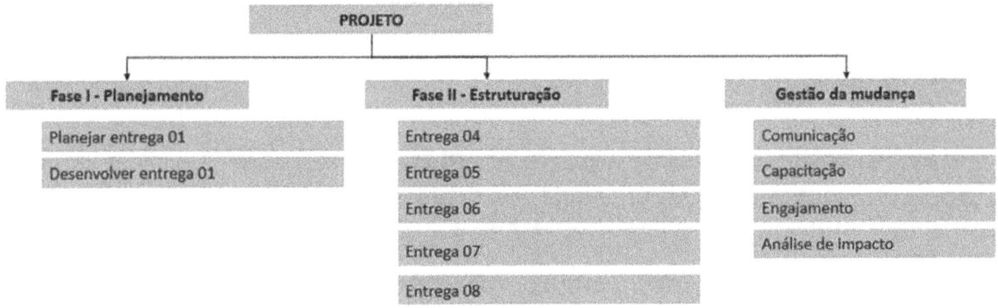

Figura 201

AS IS

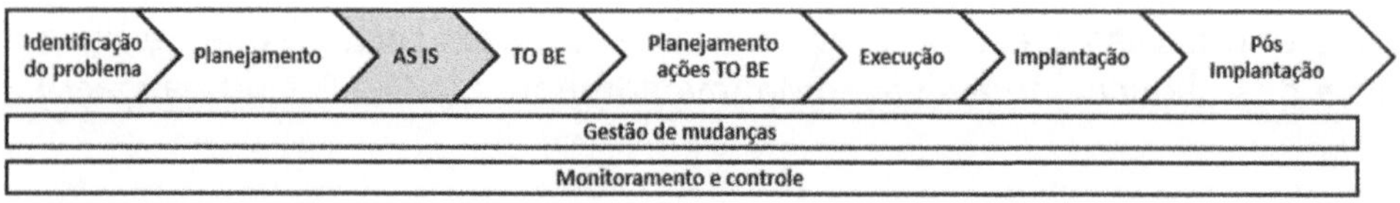

Figura 202

Objetivo: efetuar o levantamento da situação atual em relação aos processos afetados pelo problema principal.

Ações

Levantar volumes: para cada indicador de desempenho relevante para o processo sob análise, é necessário levantar, caso houver, o seu histórico. Essas informações serão obtidas junto às áreas funcionais ou controladoria. Utilize gráficos sequenciais, histogramas ou gráfico de Pareto. Identifique também as metas e faixas de tolerância associadas.

Mapeamento de processos: inicialmente, trata-se de montar um modelo operacional que representa o funcionamento do negócio. Serve para mostrar funções internas, seus relacionamentos internos e integração com as áreas externas.

Posteriormente, para cada processo relevante na análise do problema, efetue um mapeamento descrevendo as principais entradas, saídas, clientes, fornecedores e outros elementos relevantes. Podem ser utilizadas quaisquer ferramentas de mapeamento, desde que compatíveis com o ambiente organizacional da empresa.

Mapeamento de riscos operacionais: aproveitando a existência dos processos mapeados, providencia-se a identificação de pontos de riscos ou pontos onde já ocorreram as falhas ou erros ao longo do processo.

O fluxograma é um instrumento visual potente para mostrar os riscos operacionais. Posteriormente, os riscos operacionais podem ser consolidados em um quadro para gestão e acompanhamento das ações de mitigação.

Exemplo de mapa de riscos operacionais (FMEA):

	Etapa do processo	Modo de Falha	Efeito da falha	Grau de severidade	Causas potenciais	Probabilidade de ocorrência	Controles atuais	Grau de detecção	IR	Ações recomedadas	Responsável
1	Agendamento	Agendamento errado	Cliente reclama e compromete programação do dia	Alta (08)	Atendente não confere e sistema não alerta	Baixa (2)	Não há	Média (5)	80	Repetir verbalmente o pedido ao cliente	Coordenador administrativo
2	Exames	Falta do profissional	Cliente reclama e pode ser feita uma nova pizza	Alta (10)	Profissional não avisa com antecedência suficiente	Baixa (3)	Não há	Média (5)	150	Implantar procedimento de substituição por profissional de	Gerente de unidade

Figura 203

Identificar causas: as principais causas para a eliminação dos problemas, restrições ou riscos operacionais são identificadas. Utilize o diagrama de causa e efeito e a técnica dos cinco por quês.

Identificar ações: os planos de ações para bloqueio ou eliminação de uma ou mais causas devem ser identificados. Utilize a técnica de 5W2H.

TO BE – Desenho

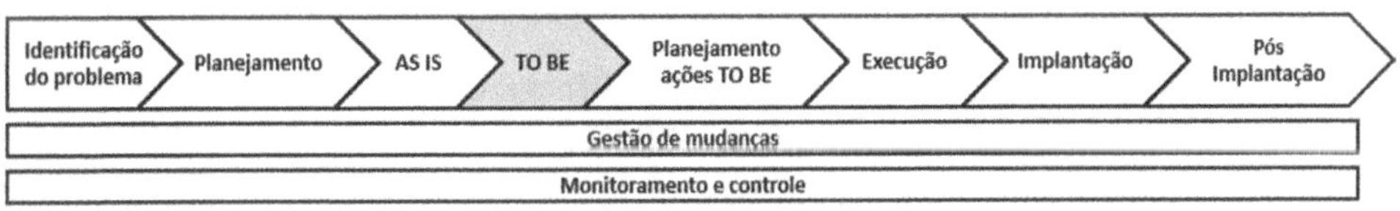

Figura 204

Objetivo: desenhar os processos novos ou modificados em função dos requisitos da nova situação *TO BE*.

Ações

Desenhar modelo operacional *TO BE*: com base na aprovação das ações, providenciar o desenho de como as atividades deverão ocorrer nos novos processos e também nos modificados utilizando o instrumento de modelo operacional.

Exemplo de modelo operacional:

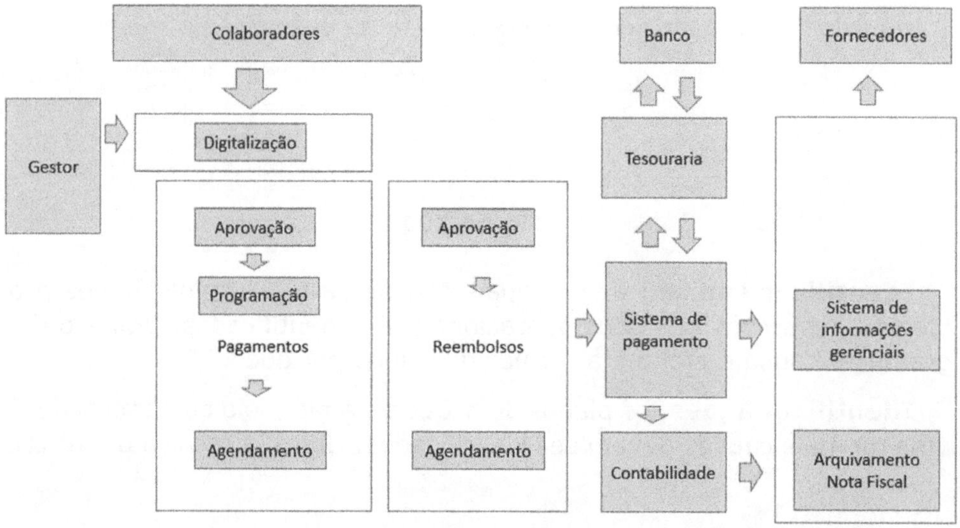

Figura 205

Desenhar fluxos e procedimentos operacionais: com base no modelo operacional, detalhar, desenhar e escrever os fluxos e procedimentos operacionais novos e modificados.

Simular o modelo operacional e os novos processos: antes de efetuar um teste piloto, é importante simular os novos procedimentos em formato de teste de mesa.

Planejamento ações *TO BE*

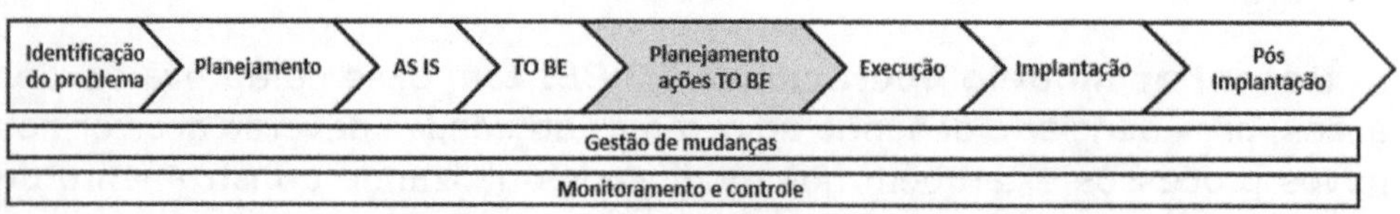

Figura 206

Objetivos: identificar, avaliar, priorizar, aprovar e planejar as ações necessárias para a solução do problema.

Ações

Identificar projetos e ações: identificar as ações com base no quadro 5W2H da etapa anterior. Estas são propostas que ainda precisam ser avaliadas e que determinarão as ações a serem executadas na etapa de desenho do *TO BE*.

Efetuar avaliação custo-benefício: para cada ação potencial identificada, deve ser feita uma avaliação custo-benefício utilizando técnicas como TIR, VPL e *Payback*.

Priorizar ações: uma vez calculada a relação custo-benefício, é necessário, juntamente com a importância e o impacto da ação, priorizar as ações para execução. O impacto da ação está relacionado com a importância, e o impacto do processo, relacionado ao negócio. Um *roadmap* ou cronograma é uma saída dessa atividade.

Planejar projeto piloto: planejar se haverá um projeto piloto na fase de implantação. Os demais projetos também devem estar relacionados no *roadmap*.

Aceite: deverá haver um aceite ao final desta etapa por parte dos patrocinadores do projeto e das áreas usuárias afetadas.

Execução

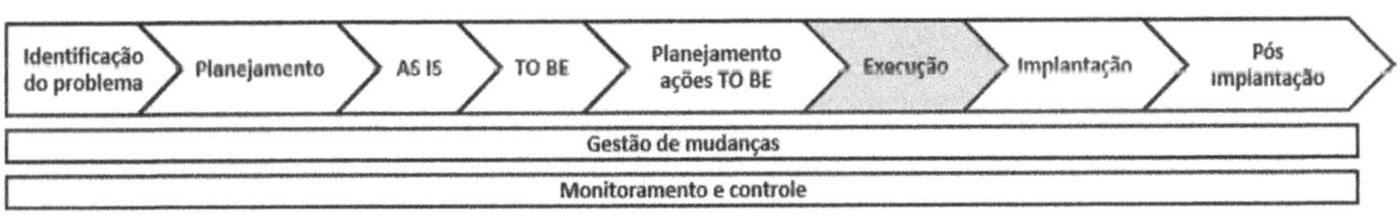

Figura 207

Objetivo: conduzir e implantar os projetos e as ações definidas e aprovadas na etapa *TO BE*.

Ações

Conduzir projetos: conduzir projetos conforme o planejamento definido. O cronograma passa a ser um dos importantes instrumentos desta atividade. Nesse caso, deve-se, de preferência, utilizar técnicas e conceitos de gestão de projetos. Pode ser feita uma parceria com o escritório de projetos para a condução das ações. Eventualmente, de acordo com a sua relevância e impacto, essas ações podem fazer parte do portfólio de projetos da organização.

Controlar e monitorar projetos: avaliar continuamente os projetos comparando o planejado com o realizado. Esta atividade pode ser efetuada em parceria com o escritório de projetos.

IMPLANTAÇÃO

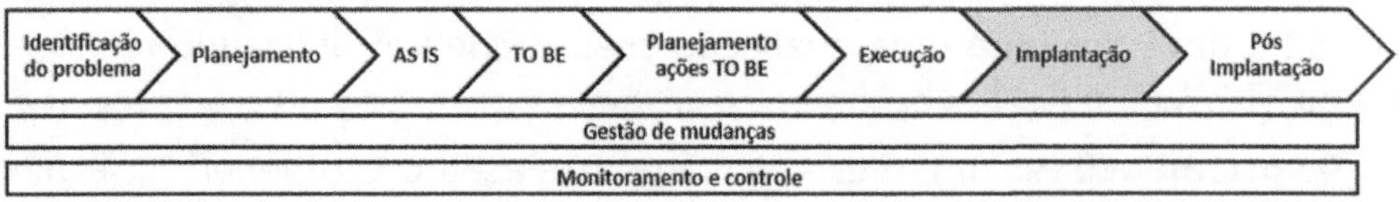

Figura 208

Objetivo: conduzir e implantar ações e projetos definidos e aprovados na etapa *TO BE*.

Ações

Criar ou alterar procedimentos: invariavelmente, será necessário criar ou alterar procedimentos operacionais padrão. Além disso, deve-se avaliar o impacto sobre os *stakeholders* na execução das ações. Esta atividade faz parte do processo de gestão de mudanças.

Comunicar e treinar: os colaboradores envolvidos devem ser treinados conforme o procedimento operacional padrão criado ou alterado. Esta atividade faz parte do processo de gestão de mudanças.

PÓS-IMPLANTAÇÃO

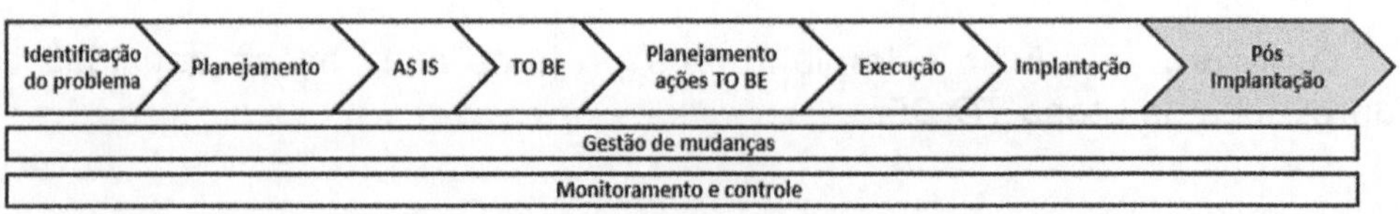

Figura 209

Objetivo: padronizar ações/criação ou alteração do procedimento.

Algum tempo após a implantação das ações é verificada a sua eficácia. É feito o acompanhamento dos critérios de desempenho estabelecidos e dos benefícios pelo grupo de gestão ou por um comitê executivo.

Em caso de benefícios, as mesmas soluções podem ser padronizadas em outras unidades semelhantes, sejam elas células de trabalho, unidades fabris, departamentos ou projetos.

Além da verificação quanto ao desempenho ter sido atingido ou não, devem ser identificadas pela equipe de projeto as lições aprendidas, que precisam ser devidamente registradas e compartilhadas com todos os demais membros do escritório de processos e do escritório de projetos.

Ações

Gerar acompanhamento comparativo de desempenho: mostrar os gráficos antes e depois da implantação das ações. Podem ser gerados gráficos comparativos tipo histograma, de Pareto ou sequencial. Os benefícios e resultados devem ser acompanhados por um determinado tempo após a implantação.

Lições aprendidas: é importante registrar as lições aprendidas, o que deu certo ou não, e compartilhá-las com os membros do projeto e também com os demais colaboradores da organização.

Exemplo de lições aprendidas:

Etapa do projeto	Problema enfrentado	Ações e contra medidas	Lições aprendidas	Responsável pelo registro
Identificação do problema	O benefício não foi detalhado	O benefício foi detalhado posteriormente na fase de TO BE	O benefício poderia ter sido mais detalhado	Gerente do projeto
Planejamento	Um plano de gestão de mudança não foi concebido	O plano foi feito posteriormente na fase de TO BE	A falta de um plano de gestão de mudanças pode comprometer o projeto no envolvimento das partes	Gerente do projeto
Planejamento	Não foi feita reunião de *kick-off*	Comitê executivo enviou email a todos os stakeholders	Um *kick-off* adequado elimina muita resistência ao longo do projeto	Comitê executivo

Figura 210

Gestão de mudanças

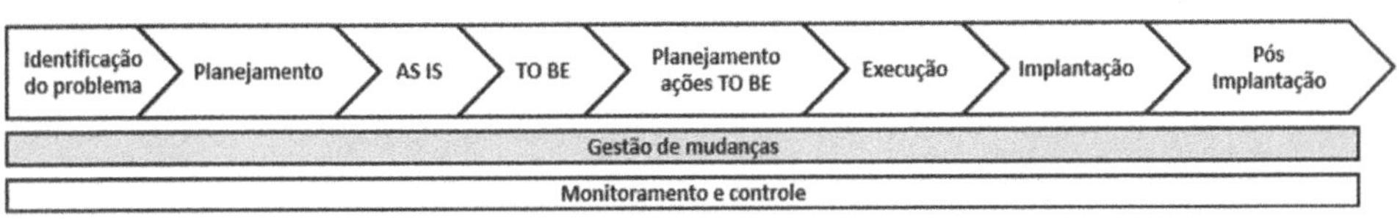

Figura 211

Objetivo: conduzir ações de gestão de mudança de modo a reduzir ao máximo os impactos causados por quaisquer ações de transformação.

Esta etapa é iniciada já no início do projeto, quando ocorre a primeira reunião das partes interessadas.

Ações

Gestão de comunicação com os *stakeholders* do projeto: identificar, planejar e implantar ações de comunicação com todos os públicos envolvidos e impactados pelo projeto.

Gestão da capacitação: identificar, planejar e desenvolver ações de treinamento para todos os colaboradores e gestores impactados pelo novo processo, incluindo o time de projeto.

Gestão de engajamento dos *stakeholders*: desenvolver ações que incentivem os colaboradores a participar ativamente das ações.

Gestão de impactos: avaliar e acompanhar as ações implantadas que podem gerar impactos significativos nos processos transformados. Dessa forma, é necessário o acompanhamento das ações não somente durante a execução do projeto, como também após a sua implantação.

Monitoramento e controle

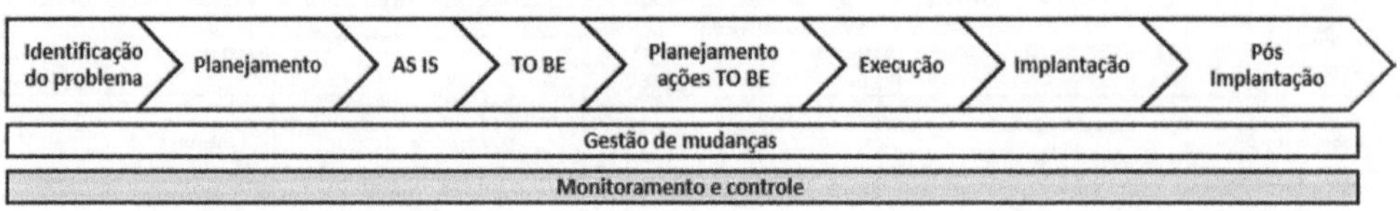

Figura 212

Objetivos: acompanhar o andamento e o desempenho do projeto. Efetuar ações corretivas e preventivas para garantir o cumprimento de seus objetivos.

Ações

Controlar e monitorar projetos: avaliar continuamente os projetos, comparando o que foi planejado com o que foi realizado. Pode ser efetuado em parceria com o escritório de projetos.

Exemplo de acompanhamento de um projeto:

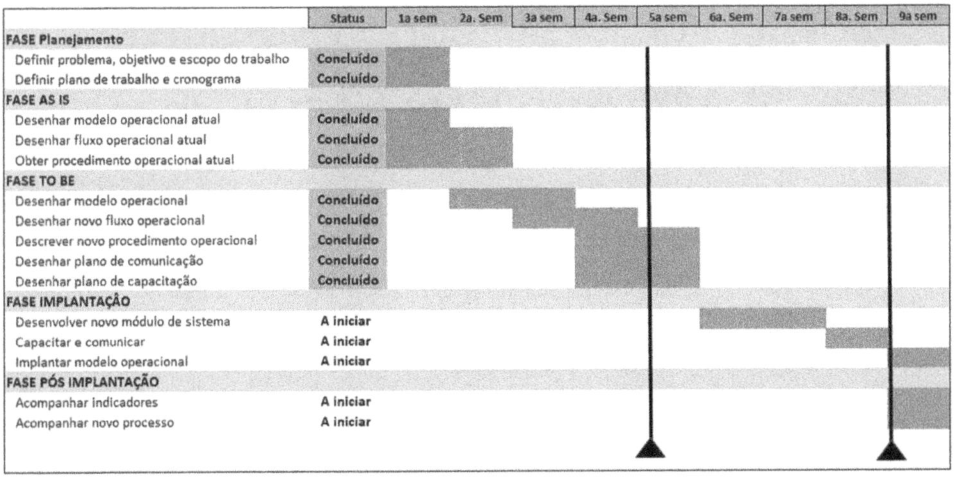

Figura 213

Anexo 3

Método Seis Sigma

O método Seis Sigma foi desenvolvido com o objetivo de reduzir a variabilidade dos processos e consequentemente o seu custo.

A figura a seguir mostra a distribuição estatística da variável denominada comprimento de uma produção fictícia de barras de chocolate. Vamos admitir que essa distribuição seja uma Normal (Gauss). O valor ideal ou nominal do comprimento da barra em estado bruto foi estabelecido em 15,0 cm.

A faixa de especificação definida pelos clientes que adquirem a barra bruta varia em 0,3 cm para direita e para a esquerda, estabelecendo uma faixa de aceitação que varia entre 14,7 cm a 15,3 cm.

Assim, caso o comprimento da barra ultrapasse a faixa de especificação, ele é devolvido pelo cliente e considerado uma perda de produção. Pergunta-se: a produção de barras de chocolate experimenta perdas significativas?

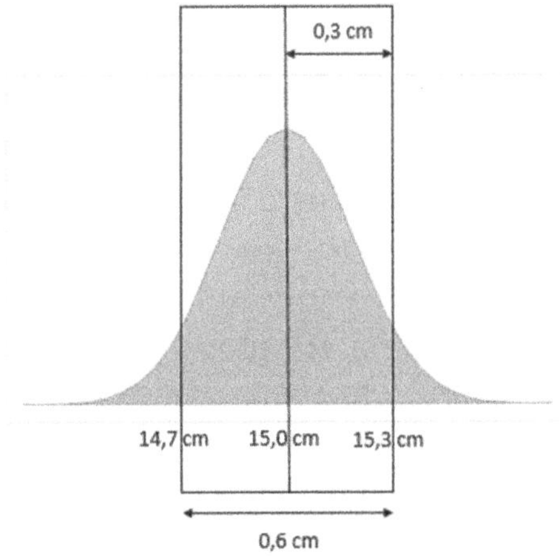

Figura 214

Pelo gráfico, observa-se que a produção de barras de chocolate mostra uma grande perda. Ela ultrapassa em ambos os lados a faixa de especificação de 0,3 cm (14,7 cm e 15,3 cm).

Para quantificarmos essa perda, vamos admitir, por questão de simplificação, que cada metade da faixa de especificação (0,3 cm) corresponde a um desvio padrão (um sigma) da distribuição normal.

Nesse caso, admitindo uma distribuição normal para a variável comprimento das barras de chocolate, teremos uma perda de aproximadamente de 32% (16% de cada lado além do limite da faixa de especificação).

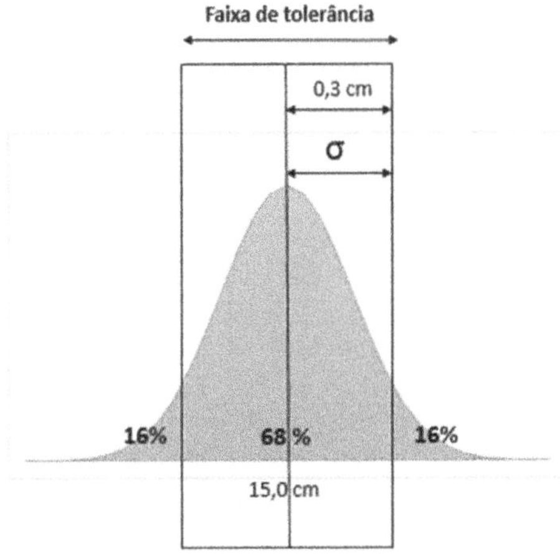

Figura 215

Suponha agora que efetuemos várias ações para a redução de variabilidade do processo de produção de barras de chocolate, como, por exemplo, ações de treinamento, padronização de fornecimento, troca de equipamentos, manutenção preventiva e documentação de procedimentos.

Essas ações foram desenvolvidas para padronizar os processos e consequentemente reduzir as possíveis variabilidades associadas ao processo produtivo das barras de chocolate.

Observe que, depois de todas as ações implantadas, agora cabem seis desvios padrões (seis sigma) em cada um dos lados da curva (da média da distribuição até o limite da faixa de especificação). Essa situação é diferente da primeira, onde cabia apenas um desvio ou um sigma.

Agora, nessa nova configuração, onde foram implantadas melhorias, quase toda a distribuição cabe dentro da faixa de especificação. Nesse caso, a quantidade de itens defeituosos além da faixa de especificação é praticamente zero. Lembremos que a curva normal apresenta caudas infinitas de cada um dos lados em relação à média.

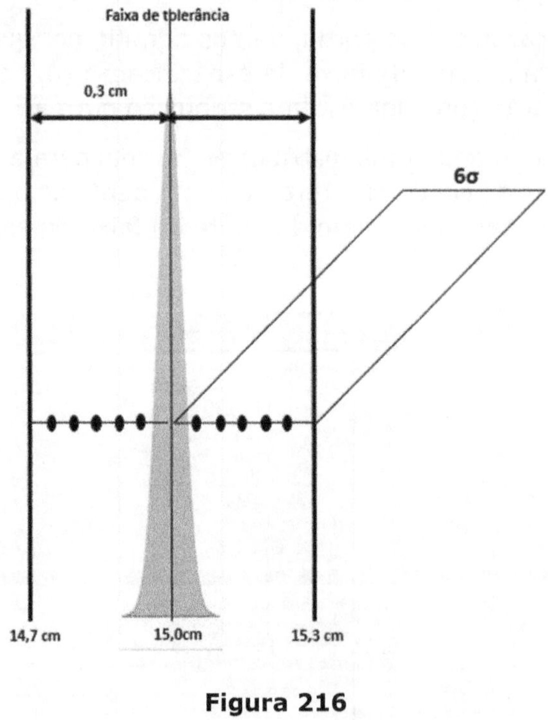

Figura 216

Consequentemente, as áreas da curva vão diminuindo para ambos os lados e os defeitos também.

Dado que a faixa de especificação é fixa e definida pelo cliente, e, portanto, não pode ser alterada, veja que quanto menores forem os desvios, mais desvios padrões caberão em cada uma das metades da faixa de especificação.

Assim, a redução dos desvios padrões comprova a necessidade de reduzirmos a variabilidade do processo através de ações de padronização.

A quantidade de defeitos em PPM (partes por milhão) pode variar para curto prazo (Zcp) e longo prazo (Zlp). Esse fato ocorre devido à instabilidade da distribuição, que não se mantém em torno da média por muito tempo.

Para seis sigma de longo prazo, dada a movimentação da distribuição ao longo do tempo, a faixa que originalmente é de seis sigma para a direita e para a esquerda da média é reduzida para apenas 4,5 desvios, trazendo consequentemente um patamar maior de defeitos por milhão de itens produzidos.

Zcp	Zlp	PPM lp
2	0,5	308.537
3	1,5	66.807
4	2,5	6.210
5	3,5	233
6	4,5	3

Figura 217[9]

[9] Fonte: adaptado de Rotondaro (2002).

ANEXO 4

AVALIAÇÃO DE CUSTO-BENEFÍCIO DE UMA AÇÃO

IMPORTÂNCIA

Uma das deficiências no planejamento de iniciativas de melhoria ou engenharia de processos reside na ausência de uma avaliação de viabilidade financeira.

Em um projeto de transformação de processos, existe um *gateway* que determina o final da etapa de planejamento. A partir deste *gateway*, os gestores avaliam a continuidade da execução das ações programadas com base na viabilidade financeira da solução.

Apesar de extremamente importante, esse assunto não é suficientemente enfatizado pelas organizações. As avaliações em busca de benefícios qualitativos ainda estão mais presentes do que as avaliações quantitativas.

As consequências dessa atitude são bastante impactantes. Em primeiro lugar, afeta o processo de seleção e priorização das ações relacionadas ao portfólio de processos. A escolha das ações, sejam estas de melhoria, redesenho ou reengenharia de processos, depende de uma estimativa, mesmo que inicial, da relação custo-benefício da ação. Se esta não ocorre, o processo de seleção será baseado unicamente em informações técnicas e qualitativas, tornando-a pobre e desacoplada do orçamento e do planejamento financeiro. Além disso, essa avaliação proporciona subsídios para a elaboração de estratégias no aproveitamento de benefícios fiscais.

Barreiras

As razões para essa ausência de avaliação podem residir em dois pilares: o primeiro é a falta de uma cultura de análise de investimentos na organização causada pela falta de conhecimento e disseminação da disciplina entre colaboradores e principalmente entre os gestores. A ausência de sua aplicação sistemática é reforçada pela falta de incentivos em capacitação e desenvolvimento de mecanismos formais de governança.

A segunda razão reside na separação funcional entre a área responsável pela condução de projetos de processos e a área de investimentos. Neste caso, os silos funcionais podem restringir a comunicação e a disseminação do conhecimento entre os participantes do processo, dificultando a troca de informações e a operacionalização da avaliação do investimento.

A seguir, serão abordados os principais conceitos e técnicas para avaliação de viabilidade financeira. Pretende-se responder às seguintes questões:

- Quanto uma determinada ação ou projeto trará de retorno financeiro para a empresa?
- Como priorizar uma ação ou projeto em relação a uma outra alternativa?
- Quais são as vantagens e desvantagens de cada técnica?
- Como elaborar a lógica de cálculo?
- Quais são as principais técnicas de análise?
- O que são benefícios fiscais?
- Como a inflação afeta o valor dos benefícios?
- O que é ativação de projetos?

Sequência de procedimentos

Para a avaliação de investimentos, é conveniente seguir um planejamento de etapas para evitar retrabalhos.

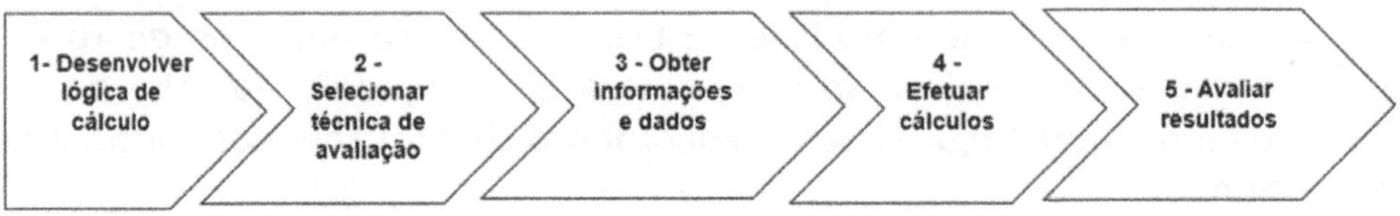

Figura 218

1 – Desenvolver lógica de cálculo: visa obter as variáveis (entradas, controle e saídas) e seus relacionamentos para viabilizar o cálculo do benefício.

O grande desafio não está somente em selecionar o método de cálculo, e sim em elaborar uma lógica constituída de entradas e saídas.

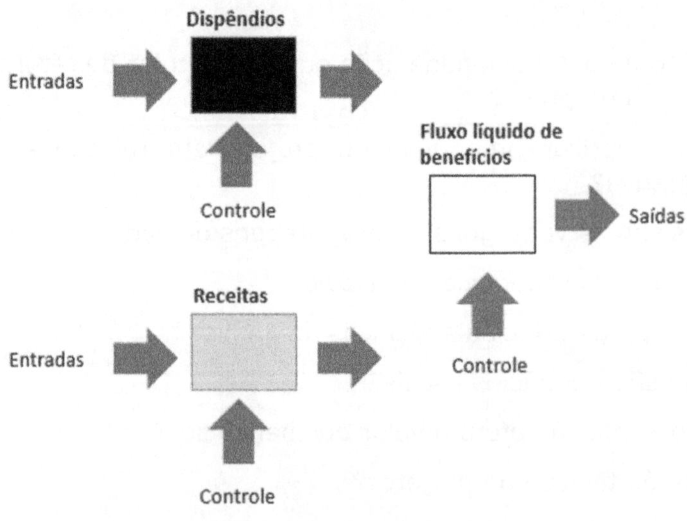

Figura 219

2 – Selecionar técnica de avaliação: visa escolher uma ou mais técnicas a serem utilizadas para obter o resultado da avaliação. Serão abordadas as técnicas de TIR, *Payback* e VPL.

3 – Obter informações e dados: visa coletar dados e informações para executar os cálculos.

4 – Efetuar cálculos: visa obter o resultado da avaliação para as diferentes técnicas selecionadas.

5 – Avaliar resultados: visa avaliar os resultados *vis a vis* às diferentes técnicas avaliadas.

Vejamos um exemplo da avaliação de um projeto de TI, onde o objetivo é substituir um sistema de manutenção mais dispendioso por outro mais moderno e com menor custo de manutenção.

As variáveis de entrada serão os dispêndios definidos pelos esforços de manutenção (antes de depois da implantação), o custo-hora de manutenção (antes e depois) e os custos de investimento inicial de hardware, software e treinamento. Neste caso, não haverá receitas, pois a diferença entre custos antes e depois resultará no benefício líquido.

Variáveis de controle podem ser as taxas de inflação e as taxas de mínima atratividade (TMA) para diferentes cenários econômicos, por exemplo. A saída será o fluxo de caixa líquido para a aplicação das técnicas de avaliação de investimentos.

No caso da existência de um processo formal de avaliação de investimentos, a dúvida entre gestores é selecionar qual das técnicas existentes é a mais adequada. Existem três alternativas normalmente utilizadas: *Payback* simples e descontado, TIR (taxa interna de retorno) e VPL (valor presente líquido).

Payback simples e *Payback* descontado

Lógica da decisão: é a quantidade de unidades de tempo, geralmente meses ou anos, necessária para recuperar um determinado investimento. Quanto menor o tempo de recuperação, melhor a alternativa de investimento.

Suponha que existem duas alternativas de investimento:

Alternativa A

- Investimento inicial: R$ 1 MM
- Fluxos anuais de entrada (cinco anos): R$ 550 mil

Alternativa B

- Investimento inicial: R$ 2 MM
- Fluxos anuais de entrada (dez anos): R$ 830 mil

É muito importante transformar o problema de investimentos em um fluxo de caixa, representando-o de forma gráfica.

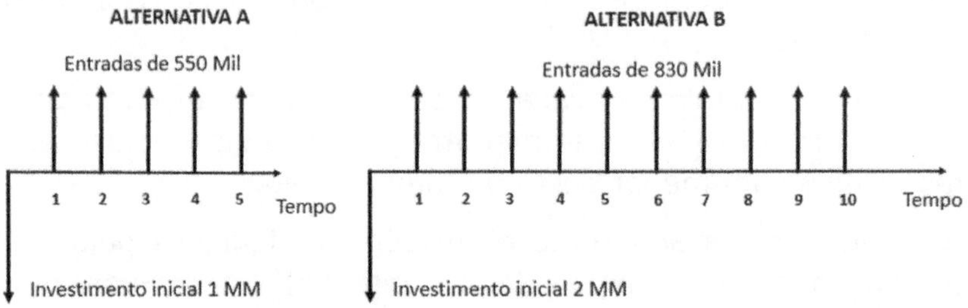

Figura 220

Alternativa de investimento A

Investimento inicial: R$ 1 MM

Fluxos anuais de entrada (cinco anos): R$ 550 Mil

Períodos	Investimento inicial	Benefício	A recuperar
	-1.000		
1		550	-450
2		550	100
3		550	650

Figura 221

Lógica de cálculo: 1 ano + (450/550) * 12 meses

Payback = Um ano e dez meses para retornar o investimento de 1 MM.

Alternativa de investimento B

Investimento inicial: R$ 2 MM

Fluxos anuais de entrada (dez anos): R$ 830 mil

Períodos	Investimento inicial	Benefício	A recuperar
	-2.000		
1		830	-1.170
2		830	-340
3		830	490

Figura 222

Lógica de cálculo: 2 anos + (340/830) * 12 meses

Payback = Dois anos e cinco meses para retornar o investimento de 2 MM.

A alternativa A é melhor, pois retorna o investimento em menos tempo, mesmo a alternativa B tendo um fluxo de benefícios de dez anos.

Vantagens e desvantagens

A técnica de *Payback* é simples e mede a velocidade de recuperação do investimento, fornecendo um prazo para o seu retorno. Entretanto, possui uma grande desvantagem, pois desconsidera todos os fluxos de entrada de benefícios após o retorno do investimento ter sido alcançado. Dessa forma, não considera o montante do benefício – e, portanto, dois investimentos com benefícios bastante distintos podem ter iguais períodos de *Payback*.

Uma variação dessa técnica é o *Payback* descontado, que leva em conta o valor do dinheiro no tempo. Assim, os valores dos benefícios são trazidos ao valor presente utilizando uma taxa de mínima atratividade (TMA).

Valor Presente Líquido (VPL)

Critério de decisão: trata-se de quando o somatório dos benefícios líquidos (fluxo de caixa) trazidos ao valor presente é positivo e maior que outro investimento com o qual está sendo comparado. É necessário adotar um custo de capital ou taxa mínima de atratividade (TMA) para o cálculo do valor presente. Adota-se 15% nos exemplos subsequentes.

Vamos adotar o mesmo exemplo anterior:

Alternativa A

- Investimento inicial: R$ 1 MM
- Fluxos anuais de entrada (cinco anos): R$ 550 mil

Alternativa B

- Investimento inicial: R$ 2 MM
- Fluxos anuais de entrada (sete anos): R$ 830 mil

É muito importante transformar o problema de investimentos em um fluxo de caixa, representando-o de forma gráfica.

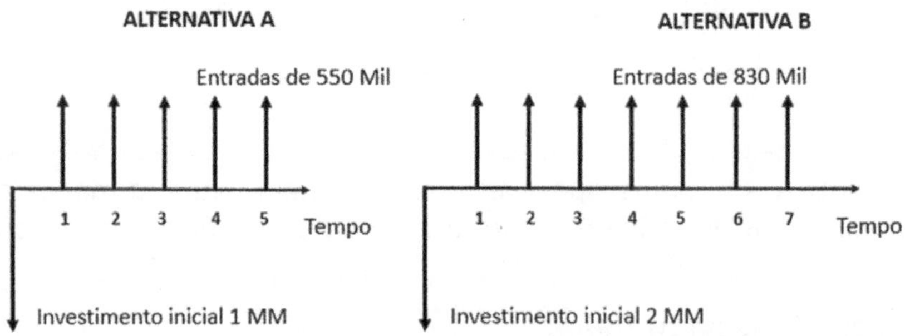

Figura 223

Uma vez montado o fluxo de caixa, providencia-se o cálculo de VPL utilizando, por exemplo, uma planilha Excel.

Cálculo para a alternativa de investimento A

Anos	*0*	*1*	*2*	*3*	*4*	*5*
Dispêndios	R$ 1.000					
Benefícios		R$ 550	R$ 550	R$ 550	R$ 550	R$ 550
Fluxo caixa	R$ 1.000	**R$ 550**	**R$ 550**	**R$ 550**	**R$ 550**	**R$ 550**
VPL	R$ 734	*TMA*	0,15			

Figura 224

Cálculo para a alternativa de investimento B

Anos	*0*	*1*	*2*	*3*	*4*	*5*	*6*	*7*
Dispêndios	R$ 3.000							
Benefícios		R$ 830	R$ 830	R$ 830	R$ 830	R$ 830	R$ 830	R$ 830
Fluxo caixa	R$ 3.000	**R$ 830**	**R$ 830**	**R$ 830**	**R$ 830**	**R$ 830**	**R$ 830**	**R$ 830**
VPL	R$ 394	*TMA*	0,15					

Figura 225

Decide-se pela alternativa A, que possui o VPL maior.

Vantagens e desvantagens

A técnica de VPL mostra o montante líquido do retorno refletido em um valor do dinheiro no momento atual. O desafio é selecionar a taxa mínima de atratividade (TMA) ou o custo de capital mais adequado para o cálculo.

Nesse caso, recomenda-se utilizar cenários econômicos que contemplem várias taxas estimadas conforme a expectativa do mercado. No cálculo, o benefício líquido é reinvestido utilizando a TMA ou taxa de custo de capital.

Taxa Interna de Retorno (TIR)

Critério de decisão: a decisão é baseada no cálculo da taxa que iguala o fluxo de benefícios ao investimento inicial. A taxa obtida deve ser comparada com o custo de oportunidade mais atrativo.

Exemplo:

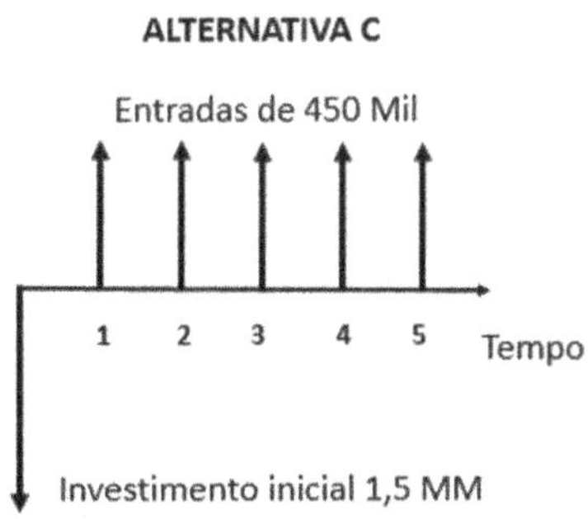

Figura 226

Anos	*0*	*1*	*2*	*3*	*4*	*5*
Dispêndios	R$ 1.500					
Benefícios		R$ 450	R$ 450	R$ 450	R$ 450	R$ 450
Fluxo caixa	R$ 1.500	R$ 450	R$ 450	R$ 450	R$ 450	R$ 450
VPL=	R$ 79	*TIR*	0,15	*TMA=*	0,18	

Figura 227

Veja que o VPL, apesar de pequeno, é positivo, porém esse investimento de retorno de 15% é menos rentável que o custo de oportunidade de 18% (TMA) e, portanto, não deve ser executado.

Vantagens e desvantagens

A TIR possui um cálculo relativamente mais complexo para seu entendimento e resulta em um valor que é facilmente comparável com uma taxa de oportunidade. Porém, pode possuir uma restrição técnica para fluxos de caixa que apresentem mais de uma inversão de sinais, podendo resultar em uma raiz negativa. Uma premissa a ser considerada é que os fluxos de benefícios líquidos são reinvestidos sempre à taxa da própria TIR, diferentemente do cálculo de VPL, onde os benefícios são reinvestidos pela TMA.

Além da utilização das técnicas, outros procedimentos complementares fazem parte dessa avaliação.

O primeiro deles é a possibilidade de correção do fluxo de benefícios pela taxa de inflação estimada, que pode afetar o cálculo para grandes valores, principalmente quando o período de avaliação for muito longo.

O segundo procedimento engloba a consideração do benefício fiscal pela ação da redução de lucro da organização em decorrência das despesas incorridas durante o projeto.

O terceiro é a possibilidade de ativação das despesas envolvidas no projeto. Essa estratégia pode ser adotada pela organização quando se deseja compatibilizar o *timing* de recebimento de benefícios com a incidência das despesas. Dessa forma, as despesas são ativadas durante a execução do projeto e são posteriormente depreciadas logo após a implantação do projeto.

O quarto procedimento é a identificação de oportunidades que aproveitem de benefícios fiscais concedidos pela legislação específica.

Os benefícios fiscais

Durante as etapas de planejamento, desenho e execução do projeto, as despesas incorridas podem ser deduzidas, gerando um efeito benéfico na tributação em um primeiro momento. Essa situação tem um efeito positivo na rentabilidade do projeto, uma vez que reduz a base de tributação. Não devem ser consideradas as despesas de manutenção/operação ou recorrentes após a entrega do projeto.

Explicação:

LL = Receita - Despesa

Tributação = LL * 0,4 = (Receita - Despesa) * 0,4

Se tivermos um incremento de despesas (Delta despesa) mantendo o mesmo nível de receitas, temos:

Ganho de tributação = (Receita – Despesa) * 0,4 – ((Receita – (Despesa + Delta despesa)) * 0,4 = **Delta despesa * 0,4.**

Exemplo:

Um projeto possui investimento inicial de R$ 1 MM (compra de licenças de software e equipamentos) com prazo de execução de três anos. As despesas previstas de consultoria e suporte são de R$ 100 mil/ano e de

R$ 60 mil/ano, respectivamente. O benefício líquido previsto para os cinco anos seguintes à implantação será de R$ 550 mil/ano. Considerando uma taxa de tributação global da empresa em, por exemplo, 40% (CSLL + IR), tem-se:

Exemplo sem considerar o benefício fiscal:

Anos	*1*	*2*	*3*	*4*	*5*	*6*	*7*	*8*
Roadmap	*Planejamento e execução*			*Pós implantação*				
Dispêndios	R$ 1.160	R$ 160	R$ 160					
Investimento 1	R$ 1.000							
Investimento 2								
Despesa 1	R$ 100	R$ 100	R$ 100					
Despesa 2	R$ 60	R$ 60	R$ 60					
Benefícios	**R$ 0**	**R$ 0**	**R$ 0**	**R$ 550**	**R$ 550**	**R$ 550**	**R$ 550**	**R$ 550**
Benefício 1				R$ 550	R$ 550	R$ 550	R$ 550	R$ 550
Benefício 2								
Benefício fiscal	R$ 0	R$ 0	R$ 0					
Fluxo caixa final	R$ 1.160	R$ 160	R$ 160	**R$ 550**	**R$ 550**	**R$ 550**	**R$ 550**	**R$ 550**
	VPL=	-R$ 23	*TIR =*	15%	*TMA=*	15%	*Tribut*	40%

Figura 228

Exemplo considerando o benefício fiscal:

Anos	*1*	*2*	*3*	*4*	*5*	*6*	*7*	*8*
Roadmap	*Planejamento e execução*			*Pós implantação*				
Dispêndios	R$ 1.160	R$ 160	R$ 160					
Investimento 1	R$ 1.000							
Investimento 2								
Despesa 1	R$ 100	R$ 100	R$ 100					
Despesa 2	R$ 60	R$ 60	R$ 60					
Benefícios	**R$ 64**	**R$ 64**	**R$ 64**	**R$ 550**	**R$ 550**	**R$ 550**	**R$ 550**	**R$ 550**
Benefício 1				R$ 550	R$ 550	R$ 550	R$ 550	R$ 550
Benefício 2								
Benefício fiscal	R$ 64	R$ 64	R$ 64					
Fluxo caixa final	R$ 1.096	R$ 96	R$ 96	**R$ 550**	**R$ 550**	**R$ 550**	**R$ 550**	**R$ 550**
	VPL=	R$ 123	*TIR =*	18%	*TMA=*	15%	*Tribut*	40%

Figura 229

Verifica-se que, com o benefício fiscal, o VPL passa de negativo $23 para $123 positivo. Além disso, a TIR passa de 15% para 18%.

Correção de benefícios

Os benefícios podem ser corrigidos pela inflação, que, no caso, foi considerada 6%.

Anos	*1*	*2*	*3*	*4*	*5*	*6*	*7*	*8*
Roadmap	*Planejamento e execução*			*Pós implantação*				
Dispêndios	R$ 1.160	R$ 160	R$ 160					
Investimento 1	R$ 1.000							
Investimento 2								
Despesa 1	R$ 100	R$ 100	R$ 100					
Despesa 2	R$ 60	R$ 60	R$ 60					
Benefícios	**R$ 64**	**R$ 64**	**R$ 64**	**R$ 655**	**R$ 694**	**R$ 736**	**R$ 780**	**R$ 827**
Benefício 1 (corr)				R$ 655	R$ 694	R$ 736	R$ 780	R$ 827
Benefício 2 (corr)								
Benefício fiscal	R$ 64	R$ 64	R$ 64					
Benefício depreciação								
Fluxo caixa final	R$ 1.096	R$ 96	R$ 96	**R$ 655**	**R$ 694**	**R$ 736**	**R$ 780**	**R$ 827**
	VPL=	R$ 513	*TIR =*	25%	*TMA=*	15%	*Inflação*	6%

Figura 230

Verifica-se que, com a correção do benefício pela inflação, utilizando--se o mesmo exemplo anterior, o VPL passa de $123 para $513.

A ATIVAÇÃO DO PROJETO E DEPRECIAÇÃO

O valor de um bem (por exemplo, um equipamento) decresce com o tempo. Por convenção, depreciação refere-se à alocação de custos devido à deterioração funcional e física de um bem tangível (como os equipamentos). Amortização refere-se à alocação de custos de bens intangíveis (como as licenças e patentes).

A grande vantagem é que as despesas de depreciação podem ser consideradas para reduzir o valor do imposto devido após a implantação do projeto. Nesse caso, o imposto incidirá de forma mais significativa durante a execução do projeto, pois as despesas não reduzirão a base de tributação. Pelo contrário: esta será maior. Por outro lado, haverá um maior equilíbrio entre as despesas e receitas após a implantação do projeto.

Exemplo: equipamento cujo investimento é de R$ 1.000 com vida útil de cinco anos teria o seu valor de depreciação de R$ 1000/5 = R$ 200/ano. Admitindo uma taxa de tributação (CSLL + IR) de 40%:

O benefício fiscal será de 0,4 (CSLL + IR) * R$ 200 = R$ 80/ano.

Exemplo anterior sem considerar o benefício da depreciação:

Anos	*1*	*2*	*3*	*4*	*5*	*6*	*7*	*8*
Roadmap	*Planejamento e execução*			*Pós implantação*				
Dispêndios	R$ 1.160	R$ 160	R$ 160					
Investimento 1	R$ 1.000							
Investimento 2								
Despesa 1	R$ 100	R$ 100	R$ 100					
Despesa 2	R$ 60	R$ 60	R$ 60					
Benefícios	**R$ 64**	**R$ 64**	**R$ 64**	**R$ 550**	**R$ 550**	**R$ 550**	**R$ 550**	**R$ 550**
Benefício 1				R$ 550	R$ 550	R$ 550	R$ 550	R$ 550
Benefício 2								
Benefício fiscal	R$ 64	R$ 64	R$ 64					
Benefício depreciação				R$ 0	R$ 0	R$ 0	R$ 0	R$ 0
Fluxo caixa final	R$ 1.096	R$ 96	R$ 96	**R$ 550**	**R$ 550**	**R$ 550**	**R$ 550**	**R$ 550**
	VPL=	R$ 123	*TIR =*	18%	*TMA=*	15%		

Figura 231

Exemplo considerando o benefício da depreciação:

Anos	*1*	*2*	*3*	*4*	*5*	*6*	*7*	*8*
Roadmap	*Planejamento e execução*			*Pós implantação*				
Dispêndios	R$ 1.160	R$ 160	R$ 160	**R$ 0**	**R$ 0**	**R$ 0**	**R$ 0**	**R$ 0**
Investimento 1	R$ 1.000							
Investimento 2								
Despesa 1	R$ 100	R$ 100	R$ 100	R$ 0	R$ 0	R$ 0	R$ 0	R$ 0
Despesa 2	R$ 60	R$ 60	R$ 60					
Benefício	**R$ 64**	**R$ 64**	**R$ 64**	**R$ 630**	**R$ 630**	**R$ 630**	**R$ 630**	**R$ 630**
Benefício 1				R$ 550	R$ 550	R$ 550	R$ 550	R$ 550
Benefício 2								
Benefício fiscal	R$ 64	R$ 64	R$ 64					
Benefício depreciação				R$ 80	R$ 80	R$ 80	R$ 80	R$ 80
Fluxo caixa final	R$ 1.096	R$ 96	R$ 96	**R$ 630**	**R$ 630**	**R$ 630**	**R$ 630**	**R$ 630**
	VPL=	R$ 300	*TIR =*	21%	*TMA=*	15%		

Figura 232

Com a consideração do benefício da depreciação, verifica-se um aumento no valor do VPL de $ 123 para $ 300.

Além disso, a TIR passou de 18% para 21%.

Comentários finais

Para uma plena implantação e utilização do processo de avaliação de investimentos, alguns pontos devem ser contemplados. Verifica-se que, além do conhecimento das técnicas de avaliação de investimentos, é importante a implantação de uma cultura onde o apoio e o conhecimento dos gestores sejam fundamentais.

A existência de procedimentos formais e investimentos em capacitação é essencial nesse sentido, cujo assunto deve ser encarado não como um modismo, mas como parte de uma rotina de trabalho. Outro grande entrave para o cálculo de benefícios é fazer essa estimativa logo no início do projeto, porém sem abrir mão do seu refinamento, que é feito ao longo do tempo até a sua implantação.

Apesar da técnica de VPL ser bastante difundida, uma combinação de técnicas sempre é recomendável para a visualização dos retornos, onde o desafio é entender cada uma de suas limitações. Igualmente decisivo é definir claramente o tipo de projeto ou ação e as suas variáveis determinantes, como a taxa mínima de atratividade (TMA), que refletirá no nível de incerteza e risco dos cenários e o período de apropriação do benefício.

Finalmente, é necessário desenvolver ou adaptar a estrutura existente de governança de projetos. A avaliação de investimentos é uma das etapas obrigatórias desse processo. Deve ser obrigatório não somente durante as fases de estimativa inicial e refinamento durante o desenvolvimento, como principalmente na apuração do benefício após a implantação do projeto. Nesse ponto, será verificada a eficácia das ações, além de realimentar o processo de avaliação de investimentos, em um processo de melhoria contínua da governança.

+ de 100 Títulos
BRASPORT
e-Book
50% mais barato que o livro impresso.
Confira nosso catálogo!
À venda nos sites das melhores livrarias.

Acompanhe a BRASPORT nas redes sociais e receba regularmente nossas informações sobre atualizações, promoções e lançamentos.

@Brasport

/brasporteditora

/editorabrasport

editorabrasport.blogspot.com

/editoraBrasport

Sua sugestão será bem-vinda!

Envie sua mensagem para marketing@brasport.com.br e informe se deseja receber nossas newsletters através do e-mail.

BRASPORT